Coleção
Ensaios Transversais

Fernando Pessoa:

almoxarifado de mitos

COLEÇÃO
Ensaios Transversais

Fernando Pessoa: almoxarifado de mitos

Carlos Felipe Moisés

escrituras
São Paulo, 2005

Copyright do texto © 2005 by Carlos Felipe Moisés
Copyright da edição brasileira © 2005 by Escrituras Editora

Todos os direitos reservados. Nenhuma parte desta edição pode ser utilizada ou reproduzida –
em qualquer meio ou forma, seja mecânico, eletrônico, fotocópia gravação etc.
– nem apropriada ou estocada em sistema de banco de dados,
sem a expressa autorização da editora.

Editor	Raimundo Gadelha
Coordenação editorial	Nílson José Machado
Revisão final	Helena Uehara
Capa e editoração eletrônica	Vera Andrade
Impressão	Prol Gráfica

Dados Internacionais de Catalogação na Publicação (CIP)
(Câmara Brasileira do Livro, SP, Brasil)

Moisés, Carlos Felipe
  Fernando Pessoa: almoxarifado de mitos / Carlos Felipe Moisés.
São Paulo : Escrituras Editora, 2005.(Coleção ensaios transversais)

Bibliografia.
ISBN: 85-7531-189-1

1. Crítica literária 2. Pessoa, Fernando, 1888 1935 Crítica e interpretação 3. Poesia portuguesa História e crítica I. Título. II. Série.

05-6192   CDD-869.109

Índices para catálogo sistemático:
1. Poesia: Literatura portuguesa: História e crítica   869.109

1ª edição, São Paulo, agosto de 2005

Escrituras Editora e Distribuidora de Livros Ltda.
Rua Maestro Callia, 123
04012-100 – Vila Mariana – São Paulo, SP
Tel.: (11) 5082-4190
E-mail: escrituras@escrituras.com.br
http://www.escrituras.com.br

Impresso no Brasil
Printed in Brazil

Sumário

Nota prévia 7

Almoxarifado de mitos 9

O poeta é um fingidor 25

Guardador de rebanhos (I) 37

Sem a loucura, que é o homem? 51

Engenheiro naval 85

Come chocolates, pequena 119

Mar sem fim 127

Guardador de rebanhos (II) 135

O marinheiro: Pessoa *in nuce* 163

A ficção em Pessoa 173

Buraco negro 181

Biografia 195

Lisboa: 1893 201

Leadbelly, El Morocho & Íbis 213

Lábios que não beijam 219

Bibliografia 227

Sobre o autor 229

Nota prévia

A presente coletânea reúne textos avulsos, de variado feitio e destino, uns já publicados, outros inéditos. Todos foram revistos para esta edição e alguns parcialmente reescritos, a fim de eliminar as repetições. A rubrica na abertura de cada capítulo assinala data e local da primeira publicação, assim como o título primitivo, nos casos em que este foi alterado, ou apenas a data da primeira versão, no caso dos inéditos (a indicação completa aparece na Bibliografia, no final). Como todos reiteram, de variados modos, o mesmo olhar sobre o teor filosófico da poesia pessoana, pareceu-me natural reuni-los. Espero que ao leitor não incomode revisitar um ou outro atalho – as poucas repetições que não foi possível eliminar.

São Paulo, junho de 2005
C.F.M.

Almoxarifado de mitos

"Quem tem medo de Fernando Pessoa?", *Folha de São Paulo*, 1985;
"O poeta ou o mito?", *O desconcerto do mundo*, 2001.

Pouco antes de morrer, no Hospital de São Luís, em Lisboa, a 30 de novembro de 1935, vítima de cirrose provocada por ingestão de bebida alcoólica, Fernando Pessoa anotou num retalho de papel esta última frase: "I know not what tomorrow will bring". O sentido e a circunstância da frase remetem a uma de suas obsessões: o mistério da existência, o horror da morte e do desconhecido, o pendor especulativo, em suma, que o levou a se interessar por mediunidade, espiritismo, astrologia, maçonaria, teosofia – o esoterismo, em geral. Em inglês literário, a frase mostra a força com que se lhe fixou no espírito a educação britânica que recebera em Durban, na África do Sul, onde viveu dos sete aos 17 anos.

Nascido em Lisboa, a 13 de junho de 1888, filho único (o irmão mais novo, Jorge, morreu em 1894, com um ano de idade), órfão de pai antes de completar os seis anos, Pessoa parte em 1896 para a África, com a mãe, que se casara de novo, com João Miguel Rosa, cônsul de Portugal em Durban. Os dez anos aí passados foram decisivos para a sua formação. É na África, e em inglês, que ele adquire a base de sua cultura literária (Milton, Shelley, Shakespeare, Tennyson, Pope e outros), escreve os seus primeiros poemas e concebe os proto-heterônimos Alexander Search e Robert Anon, sucessores adolescentes do Chevalier de Pas, personagem inventada aos quatro anos, com quem ele então se entretinha horas a fio. Em Durban, realizou os estudos primários numa escola de freiras irlandesas; secundários, na Durban High School; matriculou-se em seguida na Commercial School e, em 1904, foi aprovado nos exames de ingresso ao Curso de Artes, na Cape University. Mas no ano seguinte decidiu regressar a Lisboa, sozinho.

De volta a Portugal, redescobre sua cultura e literatura: Cesário Verde, Antônio Nobre, Antero de Quental, Camilo Pessanha, que vêm somar-se a uns, como ele diz, "subpoetas", lidos na infância. (É curioso o escasso interesse que Pessoa declara ter tido por Camões – a influência mais forte que sofreu, dentre todas. Harold Bloom, autor de *The anxiety of influence*, teria aí matéria farta para demonstrar a sua tese, segundo a qual todo poeta anseia por matar o "pai", escamoteando as influências que tenha recebido.) Em 1906, matricula-se no Curso Superior de Letras, em Lisboa, que abandona em seguida, e começa a alimentar arrojados planos, literários e outros, nunca realizados na íntegra. Após o fracasso comercial de sua "Empresa Íbis – Tipografia e Editora", experiência em que mais tarde reincidirá, emprega-se como correspondente de firmas estrangeiras sediadas em Lisboa, modesta atividade que lhe garantirá o sustento até o fim da vida. Em 1912, estréia como crítico literário na revista *A Águia*, órgão do movimento nacionalista "Renascença Portuguesa", chefiado por Teixeira de Pascoaes, com o ensaio "A nova poesia portuguesa sociologicamente considerada", onde profetiza o aparecimento, para breve, do "supra-Camões", isto é, um poeta que irá suplantar o grande épico – e este é um dos raros momentos em que deixa entrever o alto apreço que tinha pelo poeta clássico, bem como o desejo de superá-lo. Daí por diante, a literatura lhe absorverá todo o tempo e interesse, tornando-se alvo de dedicação exclusiva.

O "dia triunfal" de sua vida, como ele o dirá, deu-se logo depois, a 8 de março de 1914, quando concebeu o heterônimo Alberto Caeiro, escrevendo em poucas horas cerca de 30 dos 40 e tantos poemas da série "O Guardador de Rebanhos", cuja autoria lhe atribui. Em seguida, escreve poemas em seu próprio nome e inventa, sucessivamente, Álvaro de Campos e Ricardo Reis, "discípulos" de Caeiro, cada qual com sua personalidade e estilo próprios. Já desde o início da carreira, portanto, nosso poeta multiplica-se em figuras autônomas, que não correspondem a fases, mas à criação, já como tal, de um *sistema* heteronímico, aberto, símbolo das contradições interiores e da fragmentação do homem moderno, que, como no caso extremo de Fernando Pessoa, busque abarcar a realidade de todos os ângulos e perspectivas possíveis. Na ficção dos heterônimos – opção filosófica e não simples passatempo de literato – reside uma de suas fortes originalidades.

Em seguida à criação dos heterônimos, Pessoa rompe com o grupo da "Renascença Portuguesa", aproxima-se de literatos mais jovens, seus contemporâneos, como Sá-Carneiro, Almada Negreiros, Luís de Montalvor e outros, e com eles funda a revista *Orpheu*, que, com apenas dois números, foi responsável pela ruidosa introdução dos movimentos de vanguarda em Portugal. Outras revistas se seguirão (*Portugal Futurista*, 1917; *Contemporânea*, 1922; *Athena*, 1924) e nelas Pessoa divulgará boa mostra da produção heteronímica, em poesia, além de ensaios literários, políticos e filosóficos.

Nesse período, estréia em livro, com duas coletâneas de poemas em inglês, *Antinous* e *35 Sonnets* (1918), logo depois reunidos, com o acréscimo de *Inscriptions* e *Epithalamium*, em três pequenos volumes, sob o título geral *English Poems* (1921). É de 1920 o primeiro e breve período do namoro com Ophelia Queiroz, irmã do poeta Carlos de Queiroz, seu amigo. O namoro será reatado em 1929 e rompido de vez em 1931. É o único caso amoroso, conhecido, de Fernando Pessoa – de que ficou a correspondência, cuja publicação, em 1978, sob o título *Cartas de Amor*, foi autorizada por Ophelia, que aparentemente não levou em conta a advertência de Álvaro de Campos: "Todas as cartas de amor são ridículas".

Em março de 1925 morre-lhe a mãe (o padrasto havia morrido em 1919) e em 1926 eclode o golpe militar que instala a ditadura em Portugal. Tais episódios coincidem com o fim da atuação coletiva da sua geração, a de *Orpheu*. Sá-Carneiro suicidara-se em Paris, os outros se dispersaram, ele próprio se concentra cada vez mais na criação da obra, ciente de que é obra de gênio – a obra do "supra-Camões" anunciado em 1912. Em março de 1927, no terceiro número da revista *Presença*, órgão da nova geração, um de seus líderes, José Régio, se refere a Pessoa como o "mestre" dos jovens escritores que começam a se firmar nessa altura – antes que ele tivesse publicado um livro sequer, em língua portuguesa.

Apesar dos muitos planos que elaborou, mas pôs de lado em seguida, Pessoa não chegou a publicar a sua obra. Além dos *English Poems*, organizou mais um único livro, *Mensagem* (1934), concorrendo com ele a um prêmio instituído pelo Secretariado de Propaganda Nacional. O resultado, divulgado pela imprensa no dia 31 de dezembro de 1934, atribuiu-lhe um prêmio de "Segunda Categoria", ficando o primeiro lugar com Vasco Reis, pelo livro *Romaria*. Embora não chegasse a cuidar de reuni-los em livro, ou livros, produziu abundantemente, sem interrupção, uma surpreendente quantidade de poemas, ensaios, escritos auto-interpretativos, além de numerosos esboços e projetos. Dessa produção, só uma reduzida parte foi publicada em vida, avulsamente.

Mas foi o bastante para que um círculo restrito de escritores e intelectuais reconhecesse nele, de imediato, um dos grandes nomes da poesia portuguesa e européia do século xx. As gerações seguintes, e o grande público, precisarão aguardar que a obra vá sendo publicada, aos poucos, a partir de 1942. Mais de meio século depois e a tarefa não está concluída. A série inicial, organizada por Luís de Montalvor e João Gaspar Simões, para a editora Ática, de Lisboa, compreende 11 volumes de versos, nove de prosa crítica e ensaística, e o volume dedicado às cartas a Ophelia. Outras séries e coleções têm sido dadas a público, por várias editoras, segundo critérios sempre discutíveis – mas deste aspecto, a edição da obra, cuidaremos mais adiante.

Ao longo do largo tempo que nos separa da morte do poeta, a repercussão sempre crescente de sua obra vem se constituindo num dos fenômenos mais surpreendentes da história literária contemporânea. Sua influência sobre outros poetas, portugueses e brasileiros, é generalizada; as traduções para outros idiomas confirmam um prestígio internacional que só tende a aumentar; o impressionante número de artigos, ensaios, monografias, teses e livros a seu respeito dá bem idéia do poder de instigação de sua poesia. O entusiasmo dos leitores, geração após geração, mostra que o interesse não é apenas mania de especialistas mas tem muito a ver com as grandes inquietações e perplexidades do nosso tempo, exemplarmente representadas na ficção dos heterônimos, talvez mais atual hoje do que em 1935.

O verdadeiro culto a Fernando Pessoa, entre nós, talvez se deva, não só mas também, ao pendor insolitamente reflexivo de sua poesia. É um poeta que não se limita a expressar sentimentos, como é hábito em nossa tradição lírica, mas insiste em se questionar, e à realidade em redor, pondo em xeque, uma a uma, as aparentes verdades e valores em que se apóia a civilização que ainda é, substancialmente, a nossa. Dessa postura brota uma poesia intelectualizada, cética e relativista, mas vazada em linguagem clara, direta, repleta de paradoxos; uma poesia que nos induz a pensar e a duvidar, ajudando-nos a conhecer melhor a nós mesmos e ao mundo em que vivemos; uma poesia que abre caminhos insuspeitados, oferecidos ao anseio comum de avaliar os limites da condição humana e encontrar um sentido firme para a existência, tão mais digna quanto mais lúcida e consciente.

Graças à popularidade que atingiu (e é este o ponto que interessa investigar mais de perto), é provável que, hoje, até o menos atento dos leitores já tenha saciado parte de sua curiosidade em relação a ele, *sem necessidade de o ler*, já que se trata do escritor de língua portuguesa sobre quem mais se escreve e de quem mais se fala, nos últimos tempos. Em razão disso, somos induzidos a passar apressadamente por uma série de questões relativas à sua poesia, como se fosse assunto resolvido. É o caso, por exemplo, dos heterônimos. De tanto ouvir falar a respeito, tendemos a aceitar como banalidade o fato de que o poeta, além de ser "ele-mesmo", é também uma pequena multidão formada por Alberto Caeiro, Álvaro de Campos, Ricardo Reis, Bernardo

Soares *e muitos outros*, cada qual com seu *quid* próprio. Que sentido ou sentidos tem essa inusitada proliferação de personalidades literárias? Será que estamos todos de acordo quanto à natureza e às implicações do fenômeno? Mas isso não impede, claro, que até os leitores menos atentos, acima referidos, saibam de cor algumas das frases lapidares, axiomáticas, que Pessoa espalhou ao longo da obra, desde as famosas "O poeta é um fingidor", "O único mistério é haver quem pense no mistério", "O mito é o nada que é tudo" ou "Tudo vale a pena, se a alma não é pequena", passando pelas menos cotadas "Triste de quem é feliz", "Fingir é conhecer-se" ou "Ó mar salgado, quanto do teu sal são lágrimas de Portugal", até as mais difíceis de decorar, como "Sem a loucura, que é o homem mais que a besta sadia, cadáver adiado que procria" ou "Baste a quem baste o que lhe basta o bastante de lhe bastar". Decoradas as frases – a serem recitadas aqui e ali, com sucesso garantido –, que necessidade haverá de se ler a obra?

No geral simples e taxativas em seu enunciado, enganadoramente compreensíveis em seu sentido literal, tais frases são substancialmente enigmáticas, mas nos dão a sensação de que estamos diante de algo seguro e definitivo, verdades "reveladas", que não carecem de demonstração, certezas inabaláveis, em suma, o que quando menos já é confortante. O fato de ser uma sensação falsa não perturba o prazer de lhes usufruir o sentido original e atraente. Assim, continuamos a degustar a intrigante poesia de Fernando Pessoa e sua fama só faz crescer.

É possível que parte de seus atuais admiradores nem tivessem ouvido falar do poeta, algum tempo atrás. Mas o cinqüentenário da morte, em 1985, e o centenário do nascimento, em 1988, foram celebrados a contento e ninguém escapou da quantidade de cursos, conferências, simpósios e congressos; números especiais de revistas e suplementos literários; edições comemorativas, álbuns, discos, selos, medalhas, placas e estátuas – sem mencionar o traslado dos restos mortais para o Mosteiro dos Jerônimos, onde o poeta agora repousa, ao lado da ossada fictícia de Camões. Nossa imaginação é infinita, quando se trata de festejar datas redondas e vultos de prestígio... que dão prestígio. Almada Negreiros já o disse, quando das comemorações do cinqüentenário da revista *Orpheu*, em 1965: "Homenagear não é senão conveniência do homenageante em determinado engendrado social. É afinal o homenageante que se homenageia". Se o leitor acha que foi um exagero, prepare-se: o ano 2035, centenário da morte, está logo aí.

Acresce ainda o fato de que, tendo o poeta caído em domínio público, em 1985, de então para cá multiplicaram-se as edições da obra. Está em curso uma difícil e morosa "edição crítica", isto é, fiel às intenções do autor, que aos poucos vai dando conta do gigantesco trabalho que tem pela frente. Parte da obra, segundo consta, ainda permanece inteiramente inédita e a parte já publicada, na edição crítica e nas demais, compõe um verdadeiro emaranhado de dúvidas e hesitações, em meio ao qual o leitor atento se sente perdido. À urgente necessidade de ler o poeta endeusado por todos, soma-se a angústia de não se saber *qual* Fernando Pessoa ler. Vale a pena determo-nos um pouco nisso.

Pessoa não deixou um plano geral para a publicação de sua obra – deixou vários, discrepantes, nenhum deles "melhor" ou "mais completo" que os outros. Se tivesse vivido mais alguns anos, é provável que seguisse elaborando planos. O resultado é que não se sabe, ao certo, de quantos e quais livros ou volumes é constituída a sua obra. À exceção de *Mensagem*, e dos poemas ingleses, o poeta na verdade não nos legou propriamente *livros*, individualizados, mas um prodigioso aglomerado de textos avulsos, desde composições inteiras, aparentemente concluídas, até fragmentos, rascunhos e esboços, passando pelas que tiveram duas, três ou mais versões. Além disso, recentemente veio a saber-se que várias passagens de textos há muito conhecidos aparecem, também, em outras composições, sem que o poeta registrasse sua preferência por qualquer das variantes; já outros poemas, divulgados em vida, e reproduzidos como tal nas edições subseqüentes, não foram na verdade considerados "definitivos" pelo autor. É impressionante o seu empenho em retomar, refazer e reescrever, continuamente, tudo quanto foi produzindo.

Conclusão, Pessoa não é autor de uma obra, em sentido convencional, uma obra acabada, mas de uma genial promiscuidade de projetos literários, a *work in progress*, que aparentemente continuaria *in progress*, enquanto ele vivesse. Vale dizer, inspirado quem sabe no alquimista Fulcanelli, ou no mago Aleister Crowley, que ele ciceroneou em Lisboa, Pessoa talvez encarasse a famosa arca, onde ia depositando seus manuscritos, como uma espécie de retorta ou cadinho, em permanente ebulição, onde ele se dedicava a decantar a ganga bruta das palavras, transmutando-as no ouro puro de umas frases lapidares – às vezes alheias, como "Navegar é preciso, viver não é preciso".

Se assim for, o projeto de uma edição crítica parece condenado ao malogro, enquanto se insistir no princípio (não é o único defensável?) da fidelidade às *intenções* do autor. Como proceder no caso de um poeta cujas intenções oscilaram, desencontradamente, e nunca chegaram a se definir? A solução talvez esteja aí mesmo: uma edição fiel à indefinição. Quer dizer, uma edição que acolha e respeite o caótico, o informe e o fragmentário, como condição *definitiva* da obra; uma edição que desistisse de ordená-la em compartimentos/volumes bem definidos e bem arrumados, *como se tivesse sido essa a intenção do poeta*. Aparentemente, não foi. E, assim procedendo, ele acabou por sublinhar o primado do caótico e da metamorfose incessante, como componente estrutural inalienável da substância da obra.

Difícil? Dificílimo. Nenhum outro autor da língua legou aos pósteros problema de tal envergadura (quem mais se aproximou disso, mas por outras razões, foi o Camões lírico, que deixou inédita uma portentosa quantidade de "rimas", que ninguém sabe ao certo se são mesmo de sua autoria). Uma edição verdadeiramente fiel às *intenções* de Fernando Pessoa nos obrigaria a aceitar o caos, a desordem, a indecisão e seus correlatos não como acidente de percurso, mas como modo de ser essencial de tudo quanto temos pela frente. A dificuldade (intransponível?) é que tal edição já não seria tarefa para a Ecdótica ou a Crítica Genética, com sua legítima aspiração a ciência positiva, mas para a Crítica Literária em seu sentido mais fundamental, que não abrisse mão da ousadia interpretativa que toda edição de poesia requer, e a de Pessoa exige. Emaranhado de hesitações e dúvidas – tal é o estado atual das edições do poeta... Quem sabe a não-solução do problema seja uma solução possível.

O fato é que nada disso impediu que Pessoa se tornasse poeta da moda. E não se trata de moda passageira, conforme as celebrações dos anos 80 fariam supor: a moda-Pessoa já vinha crescendo antes, e não parou por aí. Nenhum outro escritor da língua conseguiu, em tão pouco tempo, prestígio tão generalizado. Como explicá-lo? Digamos que o leitor já o seu tanto familiarizado com o poeta decida-se impor uma pausa, para refletir a respeito, para investigar a sua "fortuna crítica", indagando do tipo de consumo que temos feito dessa poesia criada entre Durban e Lisboa, nas primeiras décadas do século, e logo transformada em unanimidade absoluta. A perspectiva que proponho parte de fora para dentro, tem que ver com a história da cultura e com a sociologia literária, e talvez diga mais respeito a nós mesmos do que ao poeta. Mas não estou interessado em teorias. Apenas alimento alguma desconfiança a respeito e tenciono passá-la ao leitor.

Quando de sua morte, Pessoa era escassamente conhecido, embora reverenciado pelos poucos leitores que tiveram acesso às duas ou três centenas de poemas e ensaios avulsos, estampados em jornais e revistas, ou ao livro *Mensagem*. Nos anos 40, a obra começou a ser divulgada aos poucos, em tiragens modestas, e uma década depois ainda era reduzido o seu público: um punhado de críticos literários, escritores e professores. Em 1958 começa sua divulgação em maior escala, no Brasil, com uma pequena antologia organizada por Adolfo Casais Monteiro para a coleção "Nossos Clássicos", da Livraria Agir Editora, logo tornada popular. Foi o livrinho precioso que introduziu toda uma geração de brasileiros no culto a Fernando Pessoa.

Na década seguinte, enquanto em Portugal prossegue o interesse moderado de antes, no Brasil já se esboça um entusiasmo crescente, que resultará, dos anos 70 em diante, no aumento considerável da bibliografia sobre o poeta. Até antes disso, quem se dispusesse a estudá-lo podia recorrer às interpretações de João Gaspar Simões, Casais Monteiro, Jacinto do Prado Coelho, Mário Sacramento e poucos mais. Mas, a partir dos 70, o leitor já começa a se sentir perdido diante do impressionante volume da bibliografia "passiva" de Fernando Pessoa. Para ajudar-nos, José Blanco elaborou o seu *Fernando Pessoa: Esboço de uma Biobliografia*, onde estão registrados, entre livros, artigos e ensaios, nada menos que 1312 itens sobre os mais variados aspectos da poesia pessoana. Mas isso são dados de 1983 (a compilação de José Blanco nunca foi atualizada); é de supor que de lá para cá a cifra terá pelo menos dobrado.

Trata-se de fenômeno único em nossa tradição. Nenhum escritor, em tão pouco tempo, suscitou volume tão avantajado de comentários e interpretações, sem contar o que circula em salas de aula ou em salões de congressos e afins, e não chega à letra impressa. Como explicá-lo? Como explicar, também, que esse verdadeiro culto tenha começado no Brasil e seja, ainda hoje, mais intenso aqui do que em Portugal? Será porque deste lado do Atlântico a tradição comum é mais porosa que do outro lado, onde o peso do passado é maior? Isso nos tornaria mais receptivos à ousadia da poesia pessoana, que adotamos sem hesitação, enquanto o leitor português tenderia a submetê-la ao filtro da sólida tradição. De fato, somos uma cultura mais jovem, menos enraizada, mais permeável; daí nossa imediata identificação com esse poeta bilíngüe, mais britânico que os ingleses, que a certa altura (re)descobre um modo muito peculiar de ser português, para se reconhecer, afinal, "estrangeiro aqui como em toda a parte". Sua obra reflete, de várias maneiras, a experiência do despaisamento. Seremos nós, brasileiros, então, um povo de despaisados? Seja como for, entre o modo "brasileiro" e o "português" de acolher Fernando Pessoa haverá só uma diferença de grau, não de essência. Vou ater-me ao lado mais esgarçado da tradição, que é o nosso, mas sei que esta continua a ser comum aos dois lados.

Começo por destacar as circunstâncias de fora. Primeiro, esse culto coincide com a chegada do poeta aos meios de comunicação de massa, no final dos anos 60, através de Caetano Veloso, Maria Bethania e outros. Não é desprezível o número de brasileiros cujo primeiro contato com Pessoa se deu através do fado famoso "Navegar é preciso", que o artista baiano compôs de parceria com o poeta, ou dos vários poemas de Caeiro e Campos, que Bethania inseria em seus espetáculos, já naquela altura, depois multiplicados em discos, aos milhares. E isso foi só o começo. Nas décadas seguintes, o autor de *Mensagem* continuou a atrair a atenção de músicos, compositores e intérpretes, de Tom Jobim a Arrigo Barnabé, André Luiz Oliveira ou Ritchie, além de atores, dramaturgos, cineastas... Além disso, o momento inicial, nos anos 60, coincidiu com a expansão da rede universitária brasileira, que resultou na multiplicação, entre outros, dos cursos de Letras, em cujos programas de graduação e de pós-graduação Pessoa teve desde cedo lugar cativo. Por fim, a intensificação do culto acompanhou, não por acaso, o longo período de trevas do nosso regime militar, sobretudo a partir de 1968. Muito do que encontrávamos em sua poesia (encontramos ainda?) parecia comentar, por nós, os acontecimentos em redor: raiva e indignação, vontade de pôr tudo abaixo; ironia e transcendência, lucidez e amargura; mas também sonho e evasão, desespero, e por aí vai. (A propósito, isto deixa claro que Pessoa é um poeta sem sotaque. Ao ler o "Poema em linha reta" ou o "Adiamento", que brasileiro se lembrará de que está diante de um escritor lusitano?).

Tais fatores já terão ocorrido ao leitor e acredito que todos lhe pareçam plausíveis. Mas penso que isso ainda não é tudo. Falta isolar os fatores intrínsecos; falta entender melhor isso de o poeta-adivinho nos ter fornecido, meio século antes, o certeiro "diagnóstico" da experiência que iríamos viver, tanto tempo depois, tão longe (tão perto?) de Lisboa.

A poesia pessoana é surpreendentemente original, ao menos para nossa tradição poética, em que predomina o lirismo sentimentalista. É uma poesia medularmente intelectualizada ("O que em mim sente 'stá pensando", ele o diz), no sentido de que, além de brotar das emoções, brota também, e indissociavelmente, da inteligência raciocinante. O que resulta desse inusitado consórcio é um desfiar cerradamente reflexivo, indagador e questionador, de imagens, metáforas, cláusulas e associações que ostentam ou simulam notável rigor lógico. Nossos hábitos relutam em reconhecer tais atributos como pertinentes à poesia. Pessoa fala uma linguagem cética e relativista, que normalmente atribuímos ao filósofo. Poesia, para nós, é de hábito a linguagem dos sentimentos e das impressões vagas; poeta, para nós, é o ser que se extasia diante da realidade, exterior ou interior, e nos induz a reproduzir, durante a leitura, um estado de espírito equivalente. Onde já se viu poeta assim tão inteligente!

Pessoa nos impele a pensar, a raciocinar, e não apenas a experimentar sentimentos e sensações – pensar e raciocinar sempre na direção de dúvidas e perplexidades que, sutilmente analisadas por ele, conduzem a mais dúvidas, que só fazem conduzir a mais dúvidas. Além disso, tirante a exceção que é Ricardo Reis, o heterônimo horaciano, de vocabulário e sintaxe eruditos, e uma ou outra passagem do conjunto da obra, sua linguagem é clara, meridiana, enganadoramente simples, livre do malabarismo retórico e afetado de que padece boa parte da literatura tradicional. Aí está uma boa razão para explicar o inusitado fascínio que essa poesia exerce sobre todos nós, brasileiros ou não.

O pendor racionalista dessa poesia abriga uma dose intensa de instigação e desafio, que faz de sua leitura um exercício intelectual altamente estimulante. Pessoa não nos acaricia a sensibilidade nem nos convida ao devaneio, mas simplesmente desafia, provoca nossa capacidade de raciocínio, seja para compreender, seja para refutar suas "teses", no geral cristalizadas naquelas frases emblemáticas, taxativas, que todos sabemos de cor. Assim, ao ler Pessoa, não há leitor que não se sinta mais "inteligente" do que é – mas isso ninguém ousou confessar, até que Vergílio Ferreira, esse grande romancista e ensaísta, o fizesse.

Não há leitor, afinal, que resista à tentação ou à compulsão de, mal terminada a leitura, começar a falar ou a escrever a respeito, no intuito de desdobrar os subentendidos, explicar e interpretar os enigmas, os paradoxos e tudo o mais que integra a "lógica" aparentemente cerrada do poeta. Mais do que desafio e provocação, a poesia pessoana esconde um verdadeiro psicoestimulante, tão poderoso quanto qualquer droga farmoquímica, com a vantagem de que, primeiro, costuma passar despercebida e, segundo, em princípio não gera dependência, física. Por isso nos deixa, quase o tempo todo, drogados.

O resultado é paradoxal. Trata-se, sem dúvida, de uma poesia difícil, complexa, enigmática – até hoje ninguém ousou negá-lo; no entanto, escrever sobre Fernando Pessoa é mais fácil do que escrever sobre outros poetas. É só permitir que atue, sem reservas, o seu efeito psicoestimulante, debaixo do qual todos nos sentimos capazes de despejar falação interminável, achando que encontramos a chave secreta, a explicação definitiva.

Ocorre que, sob o efeito excitante da dialética pessoana, todos tendemos a lidar com instâncias temáticas, categorias mentais e padrões lógico-reflexivos fornecidos pelo próprio poeta, correndo o risco de só parafrasear o já dito – atalho sedutor, por onde às vezes enverada a portentosa massa de estudos críticos a respeito do autor. Isso talvez se relacione à persistência, entre nós, de certos hábitos mentais, responsáveis pela generalizada inércia de nossa tradição. E, de qualquer modo, confirma (ou cria?) o fato de que estamos diante de uma poesia difícil, hermética. Mas, encoberta por uma espessa camada de interpretações que remetem de volta ao ponto de partida, deixado intacto, que poesia não se tornaria difícil ou hermética? E está armado o círculo vicioso.

Todo leitor atento sabe que o correto entendimento de uma obra literária, ou o eventual caminho que chegue perto disso, exige algumas leituras paralelas: sobre o movimento artístico, sobre a realidade social e cultural da época, sobre a biografia do escritor, e – é de praxe – tudo quanto se escreveu a respeito. Das três primeiras incumbências nos desvencilhamos, sem grande dificuldade, mas, ao pensarmos em nos dedicar à quarta, topamos (não só, mas também) com um emaranhado de referências e pistas complicadíssimas, que parecem adquirir valor em si e por si, como se a poesia de Pessoa fosse pretexto para árduas lucubrações em torno de Esoterismo, Cabala, Sebastianismo, Astrologia, Psicanálise, mais um grande número de filósofos, de Platão a Wittgenstein, e a parafernália terminológica do Estruturalismo, da Semiologia ou, mais recentemente, do Desconstrucionismo. Esta última, aliás, interessante teoria sobre a impossibilidade da interpretação, propõe que o sentido do texto é o próprio texto, candidatando-se assim a teoria de eleição do intérprete hipercauteloso, que, depois de laudas e laudas preparatórias, virtualmente ilegíveis, conclui (tomando ao pé da letra o próprio poeta: "O único sentido íntimo das coisas é elas não terem sentido íntimo nenhum") que não há o que interpretar.

Pessoa de fato corre o risco de se transformar em pretexto para especulações mais ou menos engenhosas, sofisticados exercícios de sagacidade, de resultados incertos. O leitor atento e bem intencionado desiste de entender, retorna ao poeta e limita-se a degustá-lo, em proveito próprio. Se humilde e/ou indolente, julgará que a crítica literária está muito além de sua capacidade; se arrogante, dirá que esta é uma farsa inútil. Em qualquer caso, não se sentirá estimulado a ensaiar uma incursão a sério no universo pessoano, tão formidável é o volume de erudição que seria obrigado a deglutir; tão denso é o nevoeiro que a tradição recente depositou sobre o poeta. Mas talvez se pergunte: por que a fortuna crítica de Fernando Pessoa teria tomado esse rumo?

Isso tudo não equivale a endeusar e mi(s)tificar o poeta, transformando-o em objeto de culto? Não é a repetição do que fizemos a outro grande, Luís de Camões? Se não, comparemos. Camões e *Os lusíadas*, há muito, fazem parte indissociável do patrimônio coletivo; é raro o cidadão, português ou brasileiro, que o ignore, que nunca tenha ouvido falar dele. Mas que "conhecimento" temos, hoje, de sua poesia, além da enfiada de lugares-comuns, frases retóricas cheirando a naftalina, retiradas do baú nas ocasiões solenes – para as indefectíveis homenagens em que o homenageante se homenageia, como observou Almada Negreiros? Isso pode vir a acontecer, um dia, a Fernando Pessoa? Não só pode como já começa a acontecer. Seus restos mortais não repousam já nos Jerônimos, ao lado do Trinca-Fortes? Quando previu, em 1912, o aparecimento de um "supra-Camões", isto é, o seu próprio aparecimento, Pessoa sabia a que tradição estava condenado a pertencer.

Tradição? Camões, há muito, *lá* descansa em paz; há muito não tocamos nele, a não ser para reverenciá-lo, em datas redondas. Tradição, o que é, afinal? É o patrimônio comum, é o que nos é familiar, é o que todos conhecemos bem, ou acreditamos conhecer, e que nos mantém, enquanto coletividade; é o imenso repertório de hábitos e valores *consagrados* pela maioria e que, por isso mesmo, não necessitam ser (re)pensados. Tradição, então, será inércia e conformismo? Boa razão, já se vê, para que muitos decidam romper com ela, como vem ocorrendo, periodicamente, desde o início do século XX, na esteira das vanguardas iconoclastas. No entanto, *et pour cause*, a tradição aí esteve, mais firme do que antes, em meio às celebrações dos 500 anos do Descobrimento – ocasião em que Pessoa e Camões foram lembrados, juntos. Romper com a tradição, proclamando-lhe o fim, parece que não resulta senão em fortalecê-la.

Conformismo ou inércia, tradição é o triunfo da redundância. Tradicional é o que a própria tradição consagra como tal; é o que deve permanecer *ali*, onde está (na memória de todos, no sonho de todos, nas estátuas em praça pública, na *memorabilia* recolhida nos museus), para que tudo, *aqui*, permaneça também onde está. Redundância e imobilidade. Tradição, portanto, só é o que é porque todos nós, coletivamente, o consentimos e endossamos, *mesmo quando rompemos radicalmente com ela*. Por quê? Porque, para cada um de nós, como diria Sartre, tradição é "os outros", ali fora, longe mas perto: Esfinge amordaçada. Enigma? Quem quer saber de enigmas?

Por isso, a fortuna crítica de Fernando Pessoa, tradição recente, empenha-se em lhe preparar os aposentos na casa da Esfinge, o Almoxarifado dos Mitos. Das mais universais da língua, sua poesia ostenta, igualmente, marcas de forte regionalismo. Como todo artista de gênio, ele só é universal por ser enraizadamente regional. Subversivamente regional. Enquanto pudermos endeusá-lo, atribuindo-lhe condição idêntica à dos demais heróis e mitos coletivos, e seguirmos fingindo que ele nos é "familiar", estaremos imobilizando, neutralizando, o subversivo dinamismo de sua crítica. Se pudermos cobri-lo, só, de honrarias oficiais, ele acabará por servir à manutenção da ordem vigente. Aí seremos todos vencidos pela inércia e já não teremos memória do foco indisciplinador, autenticamente revolucionário, por ele inoculado em sua poesia.

Mas temos uma boa razão para esperar que tal não aconteça. A revolução posta em curso pelo poeta não é a do gesto grandiloqüente, a da irreverência debochada ou a da agressividade demolidora. É discreta, subliminar, e por isso mais contundente, mais radical e está toda ela contida, emblematicamente, em outra frase famosa, aquela em que Alberto Caeiro fala da sua/nossa "aprendizagem de desaprender". Curiosa subversão a desse Mestre insubmisso, que não ensina conteúdos a seus discípulos, nem uma doutrina ou palavras de ordem, mas o *método infalível* para se chegar a isso – aprender a desaprender –, que cada qual aplicará à sua maneira. Por isso mesmo (paradoxo?) a revolução pessoana é mais facilmente escamoteável: quase tudo aí corre por conta das intenções de cada um, já que o poeta "muda de filosofia como quem muda de camisa", prestando-se a que o usemos para endossar ou repudiar o que quisermos. Se resistirmos, porém, a seu efeito psicoestimulante, sua poesia nos levará a pôr em xeque todos os hábitos estratificados, todos os falsos valores e a falsa familiaridade. Toda a tradição, em suma. Por isso, ao mesmo tempo que fascina, ele incomoda e assusta. Então acionamos nossos mecanismos de defesa e o endeusamos.

Será disso mesmo que precisamos defender-nos?

Em 2035 (tão longe, ainda!), o centenário da morte. Até lá, Pessoa será só um busto de gesso ou bronze, um holograma universal, um nome de rua, um nome de estrela – ou alguém ainda o lerá?

2

O poeta é um fingidor

"Poesia e poética", *Poesia e realidade*, 1977.

"Autopsicografia" é um dos poemas mais conhecidos e glosados de quantos Fernando Pessoa escreveu. O emblemático verso inicial, por exemplo, "O poeta é um fingidor", tem dado margem a boa quantidade de explicações e divagações, chegando mesmo a ser utilizado como "chave" para a elucidação da poesia pessoana. O que temos aí é o que se costuma chamar de *metapoesia*, ou o ato poético tomado como objeto de perquirição pelo próprio poeta, no poema, que se torna então receptáculo ocasional de algo próximo da reflexão crítico-teórica, imiscuída no impulso lírico. Rara, nesses termos, na poesia anterior ao nosso tempo, a metapoesia vem a ser um traço distintivo da modernidade. Na poesia da poesia, daí resultante, o poeta dá mostras de que poderia ser, caso assim o desejasse, um crítico e um teórico, de pleno direito, para além ou aquém dos eventuais ensaios que venha também a produzir, nesse rumo – como é aliás o caso de Fernando Pessoa. "Autopsicografia", enquanto exercício metapoético, embora vazado em linguagem impessoal, como se se tratasse de uma concepção geral de poesia, lida com uma poética particular, inconfundivelmente pessoana. O postulado famoso, "o poeta é um fingidor", além de aplicar-se ao poeta dos heterônimos, talvez se aplicasse igualmente a todo e qualquer poeta, mas nas páginas que seguem vamos ater-nos rigorosamente à primeira hipótese, deixando para outra oportunidade, quem sabe, seguir o estímulo aí contido, que conduziria a especulações em torno da poesia "em si". Seu metapoema será tomado aqui como uma "definição" possível da poética do próprio Pessoa. Vamos então ao texto.

Autopsicografia

O poeta é um fingidor.
Finge tão completamente
Que chega a fingir que é dor
A dor que deveras sente.

E os que lêem o que escreve,
Na dor lida sentem bem,
Não as duas que ele teve,
Mas só a que eles não têm.

E assim nas calhas de roda
Gira, a entreter a razão,
Esse comboio de corda
Que se chama o coração.[1]

Inicialmente, detenhamos a atenção no título, decomponível em dois termos: "auto" e "psicografia". Como o primeiro não oferece maior dificuldade, consideremos os dois sentidos possíveis do termo-base: a) descrição da alma ou de suas faculdades, que é o sentido geral; b) comunicação verbal dos espíritos, através de um médium, sentido que ao termo atribui a doutrina de Allan Kardec. Pelo primeiro sentido, o título estaria anunciando um poema que contém uma "descrição da alma" e, desse modo, o prefixo "auto" apenas reforçaria o fato de que se trata de um depoimento pessoal e não um testemunho colhido por um observador de fora. Vejamos então o segundo sentido, tomado de empréstimo ao Espiritismo. Em

---

[1] F. Pessoa, *Poesias*, 5ª ed., Lisboa, Ática, 1958, p. 237.

seu contexto de origem, este sentido de "psicografia" envolve uma dualidade: o ato de "psicografar" compreende um agente voluntário (o espírito), que seria o verdadeiro "autor" do texto a ser psicografado, e um agente involuntário (o médium), mero instrumento de que o primeiro se serve. Aquele se situa num plano invisível, imaterial, inacessível; este, simples executante das ordens ou visões emanadas do primeiro, situa-se no plano material e tangível, acessível a todos nós. Para o espírito, o conteúdo a ser psicografado é apenas *potência*, que só se *atualiza* quando da intervenção do médium.

Podemos, então, reformular uma observação anterior: no plano do espírito, o conteúdo a ser psicografado só é inacessível enquanto tal, enquanto potencialidade ou virtualidade, porque dele só temos conhecimento a partir de sua atualização factual no segundo plano, o mediúnico. O texto, involuntariamente (psico)grafado pelo médium, constitui o único indício da existência daquele agente voluntário, e isso não passa de conjetura, à qual se chega por dedução, em face da involuntariedade do ato conforme se apresenta. Daí advém que a natural minimização da atividade mediúnica, por seu caráter meramente mecânico, deva ser revista e atenuada, mediante o raciocínio segundo o qual a função instrumental do médium, não obstante mecânica e involuntária, é decisiva e tem pelo menos a mesma importância do papel desempenhado pelo espírito, pois se constitui em condição de existência deste último. Sem o espírito, o médium deixaria de psicografar, embora pudesse continuar grafando, aleatória e desconexamente, sem um rumo ou sentido definido, que só o espírito seria capaz de determinar. Mas sem o médium, o espírito sequer existiria, ou não existiria para nós, aqui e agora. Em suma, é do texto que se deve partir, para admitir qualquer espécie de além-texto ou pré-texto. O texto já psicografado se inscreve, para falar em linguagem kantiana, na categoria do *fenomênico*, ao passo que o conteúdo aí represado demanda a conjetura em torno do *noumênico*, dimensão para a qual a única via de acesso é o nível dos fenômenos. Mas não é necessário alongarmo-nos nestas considerações para verificar que o segundo sentido do termo "psicografia" é sem dúvida mais rico que o primeiro, mesmo porque necessariamente o abrange.

Não se trata, evidentemente, de apenas transportar do Espiritismo para o poema o significado que o termo ali conhece (o que seria, quando menos, grosseiro equívoco enquanto estratégia de leitura), mas de procurar uma adaptação ou uma analogia possível, através de um sistema de equivalências compatível com o texto. Digamos, sem rodeios, que "Autopsicografia" tem pouca ou nenhuma relação com a hipótese, mera hipótese, de Fernando Pessoa ter sido ou não adepto do Espiritismo. Ora, a dualidade atrás assinalada apresenta-se, de acordo com as doutrinas espíritas, como rigorosa antinomia, no sentido de que espírito e médium são entidades rigorosamente distintas, constituindo-se o segundo em mero *lugar* ocasional em que (e através de que) o primeiro se manifesta. No poema de Pessoa, porém, o prefixo "auto", do título, remete para a possibilidade de espírito e médium (ou seus análogos, que procuraremos determinar em seguida) serem uma só e a mesma entidade. Vale dizer, o sujeito hipotético, implícito no ato de psicografar proposto pelo texto, é simultaneamente espírito e médium de si mesmo. Importa enfatizar, desde já, que a primeira pessoa está ausente do texto, organizando-se o discurso em torno de uma metafórica impessoalização, que, por si só, constitui original procedimento metonímico. Mas a esse pormenor voltaremos mais adiante. Cabe salientar que, em face da coincidência entre agente voluntário e agente involuntário, estabelecida pelo prefixo "auto", estamos diante de uma dualidade de caráter imanentista, em contraposição ao transcendentalismo das doutrinas espíritas.

Com isso, temos já dados suficientes para uma primeira incursão no sentido geral do poema. A "grafia" referida no título diz respeito à escrita, à composição poética: é disto que trata o poema, é este o seu motivo central – a metapoesia de que falamos no início. Podemos, então, arriscar as primeiras equivalências e analogias: haverá, no ato da composição poética, um aspecto involuntário e outro voluntário. O primeiro diria respeito à gestação, à elaboração mental do poema, e o segundo, à sua execução, à sua fixação em palavras e/ou formas audíveis e visíveis. Ali, a dimensão do *poético*, mera virtualidade, inacessível em si; aqui, a dimensão do *poemático*, realidade tangível, a partir da qual se pode reconstituir todo o circuito. E a natureza ostensivamente ambígua do discurso ou "grafia" por meio da qual o poema se atualiza (diz e não diz, revela e oculta, é e não é) permite reavaliar a inacessibilidade da primeira dimensão, atrás referida, condição que só se verifica efetivamente enquanto tal, mas apresenta-se como dimensão perfeitamente descortinável e apreensível a partir de sua corporificação em linguagem.

Do mesmo modo como, parágrafos atrás, se propôs rever a minimização da atividade mecânica do médium, cumpre agora proceder a uma revisão da tradição romântica (ou platônica, se quisermos ir mais longe) que supervaloriza o "mistério" da criação poética, a impenetrabilidade da "inspiração", e invariavelmente despreza o aspecto factual, da "produção" do texto. Paralelamente ao que dissemos antes, quanto à atividade mediúnica, diríamos que os aspectos mecânicos e "meramente" formais do texto poético são, paradoxalmente, decisivos para o poema e possuem ao menos a mesma importância do "conteúdo" que aí se abriga, já que as formas constituem a condição de existência deste último, e único indício (conjectural, convém não esquecer) de que talvez tenha havido, antes do poema, alguma espécie de "inspiração" que o desencadeasse. A conclusão é, modernamente (a despeito de Platão e para regozijo de Aristóteles), um truísmo: o texto deve ser o único ponto de partida para qualquer investigação acerca do poema ou da poesia.

Por fim, apenas para fechar o círculo das equivalências, poético e poemático, ou elaboração mental e produção textual, configuram a dualidade que enforma o poema, num relacionamento de caráter imanentista e não transcendentalista, como já se observou, no sentido de que não são planos que possam ser submetidos a qualquer operação substitutiva, mas, isto sim, planos orgânica e interdependentemente congraçados, em termos de coesão e solidariedade.

Conforme havíamos proposto, esta primeira incursão pretende, por ora, apenas esboçar o sentido geral do poema. É conveniente, pois, interromper a investigação por este caminho (que poderia conduzir a digressões menos consistentes) e encetá-la noutra direção. A análise particularizadora, que se empreenderá a seguir, fará por corporificar e fundamentar esta observação inicial, culminando por determinar mais rigorosamente a estrutura do texto, mal vislumbrada à primeira leitura.

Salta à vista o caráter de regularidade e simetria do aparato expressivo do poema: o mesmo padrão métrico, o heptassilábico, do primeiro ao último verso; um total de 12 versos equitativamente distribuídos em três quartetos, aliás, organizados segundo o mesmo esquema de rimas alternadas, *abab*; o mesmo caráter finito e concluso, ao menos sintaticamente, comum às três estrofes: cada uma delas corresponde a um período, de provisória autonomia, de tal modo que estruturação estrófica e estruturação sintática coincidem. Mais do que isso, cada verso, por seu turno, possui também, embora relativamente, o mesmo caráter concluso e finito, de que é isolada exceção a passagem do 9º para o 10º verso, onde se verifica o único *enjambement* do poema. Se desprezarmos esta solitária variante, a estruturação sintática coincide também com a estruturação métrica. Por fim, já adentrando o nível semântico do texto, cada estrofe circunscreve, de maneira rigorosamente simétrica, um subaspecto do tema central, qual seja a composição poética: a primeira gira em torno do poeta enquanto "médium", ali defronte do texto; a segunda, em torno do destinatário, ou da recepção de que o texto pode ser alvo, por parte do leitor (e a forma plural, "os que lêem", já no 5º verso, possui valor visivelmente metafórico de ampliação ou multiplicação daquele núcleo concentrado na estrofe anterior); e a terceira, em torno daquilo que antecede o texto, enquanto elaboração mental – o poeta enquanto "espírito".

Esquematizemos. A figura do poeta é referida no texto em duas dimensões distintas: a do fazer, que subentende o poeta como *aquele que escreve versos*, e a da interioridade, supostamente anterior à escrita do poema – momento em que "gira, a entreter a razão, esse comboio de corda que se chama o coração". O ato de "fingir" refere simultaneamente as duas dimensões: o poeta finge ao congeminar as vivências que, de seguida, passará ao papel, e torna a fingir no ato em que as transforma ou traduz em versos escritos. Na primeira parte da análise, examinou-se a questão da inacessibilidade da dimensão interior, invisível e imaterial, apenas denunciando pela "grafia" do texto. Atentemos agora na figura do leitor ou leitores, introduzida na segunda estrofe.

Se admitirmos que haja algo como uma ordem "natural" no processo poético, teremos dois movimentos: primeiro, do poeta para o texto, em sentido de *convergência*: ao atualizar as potencialidades da criação (ilimitadas, na dimensão da interioridade), o texto singulariza ou unifica, ao menos aparentemente, a pluralidade de origem; segundo, do texto para o leitor, em sentido de *divergência*: ao defrontar-se com o texto, o leitor pluraliza aquela aparente singularidade, liberando ou atualizando seus conteúdos potenciais – um movimento, portanto, inverso e complementar ao anterior. Segundo a ordem efetivamente configurada no poema, em que a interioridade é referida no final e não no início do processo, podemos pensar não em dois, mas em três movimentos: primeiro, do texto para o leitor, com o mesmo sentido de divergência suposto pela ordem "natural"; segundo, do texto para o poeta, também em sentido de divergência (à medida que vai sendo escrito, o poema permite que, a partir da singularidade, o poeta reconstitua a pluralidade que teria estado em sua consciência, antes que o texto começasse a ganhar existência); terceiro, do poeta para o texto, este, sim, de convergência, semelhante àquele da ordem "natural", mas trata-se de um movimento ao qual se tem acesso apenas a partir do segundo, o do poema realizado, equivocadamente negligenciado pela ordem "natural", caudatária da tradição romântica e/ou platônica, que hipervaloriza a dimensão da interioridade, das intenções e da "inspiração".

Além de outros aspectos menos decisivos, importa salientar que a determinação da ordem de aparição dos elementos, no poema (o poeta e a poesia, o leitor, de novo o poeta), permite ver com clareza o caráter de rigorosa *circularidade* com que o processo é estruturado no texto: o derradeiro movimento remete de volta ao primeiro, fazendo que se reinicie todo o percurso, sem interrupção. Por outro lado, embora fosse quase escusado insistir neste aspecto, a ordem real demonstra, conforme havíamos previsto, que o texto é o único e invariável ponto de partida para a tentativa de reconstituir o processo geral do ato de composição poética.

Se examinarmos de outro ângulo os dados até aqui levantados, teremos condições de ensaiar uma possível conclusão (parcial e provisória, claro está, a exemplo do que ocorreu na primeira parte da análise): estamos diante de um conjunto de elementos expressivos em que se destaca o sentido da ordem e do equilíbrio, o senso da proporção e da simetria, o primado da disciplina e da regularidade. Trata-se de um discurso organizado sob o signo da racionalidade. Ainda a exemplo do que se propôs anteriormente, deixemos em suspenso esta hipótese, a fim de que a seqüência da interpretação possa confirmá-la ou rejeitá-la.

Na primeira estrofe, o paradoxo advindo da identificação entre a "dor fingida" e a "dor que [o poeta] deveras sente" pode ser elucidado com base na noção de dualidade, atrás estabelecida: a primeira dor, que o poeta "chega a fingir", é a dor estampada no texto, a dor expressa em palavras que traduziriam, em forma *sensível*, uma dor hipotética, meramente *inteligível*, se cogitarmos do momento anterior ao poema – e é a esta segunda dor que se refere o 4º verso: a dor que o poeta "deveras sente". Ora, o que o poema propõe diz respeito à possível incompatibilidade (muitas vezes involuntária, como é involuntária a atividade do médium) entre intenção e realização. Se a dor fingida é aquela que aparece no texto, o fingimento deve ser então entendido, inicialmente, como "representação", "expressão", e só em segunda instância como "simulação" ou "mentira". Por quê? A cláusula segundo a qual "o poeta é um fingidor", enfatizada e exacerbada pelo circunstancial "finge tão completamente", do verso seguinte, faz que o ato da composição seja encarado primacialmente como ato de factualidade, de artesania, uma vez que "fingir" só poderia ocorrer ao poeta quando da produção do texto e não quando de sua elaboração mental, na dimensão da interioridade. Assim, qualquer que seja a intenção anterior ao poema, a tentativa de expressá-la, a tentativa de fixar em palavras este ou aquele conteúdo, resulta sempre em malogro, em representação imperfeita – "fingida", portanto, e, no caso, consciente e amplificadamente fingida, diante da impossibilidade de deixar de fingir.

Trata-se, portanto, não do problema moral ou psicológico da sinceridade ou da insinceridade, leitura equivocada decorrente de nos atermos somente ao segundo sentido do "fingimento" (e é curioso reparar que tal equívoco é responsável por bom número de páginas da já extensa bibliografia em torno de Fernando Pessoa), mas do problema estético da incompatibilidade entre conceber e realizar o poema, entre vivenciar e expressar, entre potência e ato; entre pensar e agir, em suma. Desse modo, "o poeta é um fingidor" deve ser entendido não como "o poeta é um fingido", mas como "o poeta é um criador de ficções". Caso não houvesse razões ainda mais fortes, a razão etimológica o justificaria: "ficção", tal como fingir, fingimento, fingidor etc., deriva também do mesmo verbo latino "fingere", por via do seu particípio "fictum". E as ficções criadas ou autopsicografadas pelo poeta não constituem mentira, engodo ou fantasia maliciosa, mas tão somente a representação parcial ou incompleta das intenções que levam o poeta a criar o poema. Tal representação, por meio de palavras, é incapaz de acolher a totalidade e a plenitude dessas intenções.

Assim concebida, a criação poética será sempre "fingimento". Ainda que o poeta pretendesse ser "sincero", nunca saberia senão fingir: a "dor", qualquer "dor", estampada no texto será sempre fictícia, não enquanto mentira mas enquanto imagem refletida ou simulacro provisório. Tal concepção valeria para todo e qualquer poeta? Talvez. Vale, sem dúvida, para Fernando Pessoa, na medida em que remete diretamente para o desdobramento heteronímico. Se expressar é fingir ou ficcionalizar, o Ego que supostamente anseia por expressar-se será inevitavelmente Outro, tão logo chegue ao papel. Ao tentar assumir-se como tal, Pessoa só conseguirá ser Caeiro, Campos, Reis, Soares e assim indefinidamente, ainda que por vezes se apresente como "Ele mesmo", que é, como se sabe, tão heterônimo quanto os demais. O que temos é só mais uma das desconcertantes ironias do poeta. De qualquer modo, a poesia assim concebida nos coloca diante da incompatibilidade radical ou do desencontro irremediável entre ser e parecer.

Na segunda estrofe, o quadro será enriquecido pelo acréscimo de mais incompatibilidade e mais desencontro, provenientes do núcleo de subjetividade, igualmente dividida, que o leitor é convidado a inserir no processo. Após a análise dos versos anteriores, parece límpido e cristalino o sentido desta segunda estrofe. Em função da peculiar estrutura dualística do sujeito-poeta, proposta na primeira estrofe, o poema fará menção a duas dores, uma real, isto é, realmente expressa no texto, a dor fingida ou representada, ali no papel; e outra apenas virtual, conjeturável a partir da primeira e de que esta pretende ser a representação simbólica. Ora, depreende-se do 8º verso ("mas só a que eles não têm") que o sujeito-leitor vivencia, ao defrontar-se com o texto, uma experiência equivalente à do sujeito-poeta, enquanto manifestação de duas dimensões, que correm paralelas. Parafraseando o próprio poema, dir-se-ia: de um lado, temos a "dor que o leitor deveras sente", a dor real, porque parte integrante de seu cabedal de experiência de vida, mas também dor meramente hipotética ou virtual, em função dos limites estabelecidos pelo poema; de outro lado, temos a "dor que o leitor chega a fingir", a dor que o leitor não sente (ou nunca sentira, até deparar-se com o texto), dor que nunca fizera parte integrante de sua experiência de vida, em face da natural limitação da condição humana. Essa dor nunca sentida pelo leitor (ou, generalizando, essa experiência afetiva, em geral, de que o termo "dor" seria apenas símbolo) corresponde, pois, a uma carência que poderá ser compensada pela absorção da dor fingida ou imaginada pelo poeta.

É imediato aduzir que essa absorção se efetuará também em termos de fingimento ou ficção: o leitor assimilará, ou "sent[irá] bem", no poema (o lugar onde isto se dá não passa de metáfora e ironia), "não as duas que ele [poeta] teve, mas só a que eles [leitores] não têm". Ou seja, da mesma forma como o poeta se distancia de si mesmo ao tentar expressar-se (além, a experiência afetiva enquanto intenção; aqui, no papel, a expressão insatisfatória dessa experiência, uma segunda experiência, portanto), assim também o leitor se distanciará do poema, ao tentar captá-lo. E se distanciará do poema para, talvez, aproximar-se de si mesmo ou de suas potencialidades. Assim, o cabedal de experiência do leitor será enriquecido, a partir das sugestões da experiência fictícia de vigência restrita aos limites da "psicografia" do poema. Parecem, desse modo, suficientemente evidenciados o paralelismo e a complementaridade entre poeta e leitor, enquanto modo de estruturação.

A operação posta em funcionamento pelo leitor decorre do encontro de um sistema de equivalências, segundo um processo de desmembramento analógico semelhante àquele que vimos examinando desde o início da análise. Assim, ao binômio poético-poemático, centrado no poeta, encadeia-se um binômio secundário, arte-vida, centrado no leitor, mas já implícito no universo próprio do poeta. O trânsito entre um e outro se dá através de um mediador terceiro binômio: tencionar x realizar, pensar x agir, evidente denominador comum aos dois. Essa transitividade denuncia o caráter universal ou universalizável da problemática deflagrada no (e pelo) texto, o que justifica a ausência da subjetividade explícita, na estruturação do poema. E assim se explica, também, a paralela ausência da primeira pessoa, no nível da expressão, recurso metonímico a que nos referimos anteriormente.

Ora, a parcial similitude de estrutura, de procedimentos e de propósitos (essencialmente: o autoconhecimento ou a auto-assunção) entre poeta e leitor faz que o núcleo subtemático da terceira estrofe, que gira em torno do binômio razão x coração, remeta indistintamente para um e outro, e não apenas para o poeta, conforme o esquema inicial havia proposto.

"Coração" aparece na terceira estrofe como elemento plural e envolvente ("comboio de corda"), até mesmo do ponto de vista tipográfico; todo o longo enunciado dessa estrofe tem aí o seu núcleo de convergência, de tal modo que "razão" surge num sintagma subalterno, com função meramente circunstancial, esclarecedora de "coração". "Razão" aparece como termo autocentrado, sem necessidade de outros atributos que não o seu enunciado substantivo; apresenta-se como termo envolvido (por oposição ao caráter envolvente do "comboio de corda"); e surge isolada no 10º verso, cercada pelos atributos particularizadores de "coração". Mais do que isso, "coração" se manifesta como atividade, já que é o agente responsável pelo ato de "entreter a razão", e esta última aparece como passividade, de vez que sofre a ação praticada por aquele. Por outro lado, "calhas", "roda" e "comboio" assinalam o evidente dinamismo, a fluidez e a continuidade do conteúdo expresso por "coração" – o que se contrapõe à ausência desses como de quaisquer qualificativos para "razão". Aquele é permanente, ininterrupto; esta, é ocasional, mera contingência. A idéia de "entreter" (distrair, desviar provisoriamente a atenção) aponta para o núcleo procurado pelo texto: a "razão".

A racionalidade, mencionada na primeira parte da análise, surge então como símbolo da tentativa de expressar, de atualizar as potencialidades, a tentativa de impedir que os atos se divorciem das intenções, a tentativa inútil de submeter as intenções ao rígido controle da vontade e da consciência. "Coração", ou o movimento cíclico e imprevisível, por isso incontrolável, da afetividade e/ou dos instintos, por sua vez, surge como símbolo da permanente impossibilidade de atingir tal objetivo, entre outros motivos, pelo caráter lúdico e inconseqüente de sua manifestação ("comboio de corda", trenzinho de brinquedo). O primeiro termo, a "razão", designa emblematicamente a consciência e a voluntariedade de toda escolha ou decisão, e por isso o texto, enquanto tal, é rigorosamente simétrico e equilibrado; o segundo, o "coração", representa a involuntariedade daqueles impulsos que escapam sempre ao controle racional. Descortina-se, desse modo, o núcleo menos ostensivo da irredutível dualidade determinadora da estrutura do poema. Mas determinadora, também, da estrutura da consciência, tanto do poeta quanto do leitor, aquele como antecedente, este como conseqüente. Determinadora, na verdade, da própria condição humana, tão hermética e poderosamente concentrada no poema. Não seria esta uma explicação para o fascínio da "Autopsicografia"?

3

Guardador de rebanhos (I)

"O mundo de Alberto Caeiro", revista *Humboldt,* 1968.

Servindo-se da expressão latina *persona* para designar "a complexidade, as contradições, as intricadas inconsistências que, como sabemos, são características do ser humano", George T. Wright afirma que "num poema não há uma *persona* mas várias", e acrescenta que essa variedade de *personae* corresponde a "vários pontos de vista, cada um dos quais qualifica e complica a autonomia dos outros, e nenhum deles coincide sempre, exatamente, com o poeta".[1] Em seguida, Wright examina a variedade e a natureza das *personae*, que ele também chama de "máscaras", de três poetas: Eliot, Yeats e Pound. Admitido o princípio da multiplicidade de pontos de vista no interior da mesma obra poética, é imediato ver na obra de Fernando Pessoa a realização consciente do processo, mais sua sistematização. Cada heterônimo enraizaria seu modo próprio de ser num determinado ponto de vista, responsável por uma particular concepção de mundo. Para além ou aquém do conjunto dos heterônimos ou *personae* criados pelo poeta português, concentremos a atenção no ponto de vista representado por Alberto Caeiro e em sua concepção de mundo.

"Alberto Caeiro da Silva nasceu em Lisboa em 1889, e nessa cidade faleceu, tuberculoso, em 1915. A sua vida, porém,

---
[1] G. T. Wright, *The poet in the poem*, California, University of California Press, 1962, pp. 22-23.

decorreu quase toda numa quinta do Ribatejo; só os últimos meses dele foram de novo passados na sua cidade natal. Ali foram escritos quase todos os seus poemas. A vida de Caeiro não pode narrar-se pois que não há nela de que narrar. Seus poemas são o que houve nele de vida. Em tudo mais não houve incidentes nem há história."[2] Quem o afirma é Ricardo Reis – e vençamos desde já a tentação de discutir o fato de que Reis, Campos e o próprio Pessoa, por várias vezes, teceram comentários a respeito da figura e da obra de Caeiro, mas o inverso não se deu. Vejamos outro depoimento, este de Álvaro de Campos, que assina umas "Notas para a recordação de meu mestre Caeiro":

> Vejo-o diante de mim, e vê-lo-ei talvez eternamente como primeiro o vi. Primeiro, os olhos azuis de criança que não tem medo; depois, os malares já um pouco salientes, a cor um pouco pálida, e o estranho ar grego, que vinha de dentro e era uma calma, e não de fora, porque não era expressões nem feições. O cabelo, quase abundante, era louro, mas, se faltava luz, acastanhava-se. A estatura era média, tendendo para mais alta, mais curvada, sem ombros altos. O gesto era branco, o sorriso era como era, a voz era igual, lançada num tom de quem não procura senão dizer o que está dizendo – nem alta nem baixa, clara, livre de intenções, de hesitações, de timidezas. O olhar azul não sabia deixar de fitar. Se a nossa observação estranhava qualquer coisa, encontrava-a: a testa, sem ser alta, era poderosamente branca. Repito: era pela sua brancura, que parecia maior que a da cara pálida, que tinha majestade. As mãos um pouco delgadas, mas não muito; a palma era larga. A expressão da boca, a última coisa em que se reparava –como se falar fosse, para este homem, menos que existir–, era a de um sorriso como o que se atribui em verso às coisas inanimadas

---

[2] F. Pessoa, *Páginas íntimas e de Auto-interpretação*, org. Jacinto do Prado Coelho e Georg Rudolf Lind, Lisboa, Ática, 1966, pp. 329-330.

belas, só porque nos agradam, flores, campos largos, águas com sol, um sorriso de existir, e não de nos falar.³

Em seguida, depois de revelar a Caeiro que alguém o definira como "poeta materialista", Campos esclarece que, "sem achar a frase justa, porque o meu mestre Caeiro não é definível com qualquer frase justa, disse, contudo, que não era absurdo de todo a atribuição. E expliquei-lhe, mais ou menos bem, o que é o materialismo clássico. Caeiro ouviu-me com uma atenção de cara dolorosa". Na seqüência da conversação, Caeiro retruca:

– Mas isso o que é, é muito estúpido. Isso é uma coisa de padres sem religião, e portanto sem desculpa nenhuma.

Fiquei atônito, e apontei-lhe várias semelhanças entre o materialismo e a doutrina dele, salva a poesia desta última. Caeiro protestou:

– Mas isso a que V. chama poesia é que é tudo. Nem é poesia: é ver. Essa gente materialista é cega.

A conversa prossegue no mesmo diapasão e Caeiro, a despeito dos esforços de seu oponente, recusa-se a aceitar a noção de *infinito*. Campos então remata:

– Mas V. concebe isso?, deixei cair por fim.
– Se concebo o quê? Uma coisa ter limites? Pudera! O que não tem limites não existe. Existir é haver outra coisa qualquer e portanto cada coisa ser limitada. O que é que custa conceber que uma coisa é uma coisa, e não está sempre a ser uma outra coisa que está mais adiante?

Nessa altura senti carnalmente que estava discutindo, não com outro homem, mas com outro universo.⁴

---

³ F. Pessoa, *Obra Poética*, 1ª ed., Rio, Aguilar, 1960, pp. 187-188.
⁴ Idem, p. 189-190.

Depoimentos desse teor poderíamos transcrever ainda vários, mas esses são já suficientes para, somados às primeiras observações colhidas da leitura dos poemas, erguer uma imagem de Alberto Caeiro. Digamos que o mundo surge a seus olhos como o espetáculo sempre renovado de sensações diante das quais não se deve ir além da percepção imediata. Naturalidade, espontaneidade, ausência de reflexão, submissão aos sentidos como única fonte de conhecimento – são os atributos que decorrem dessa postura inicial. Caeiro não se interroga ("Pensar é estar doente dos olhos"[5]), conseqüentemente, aceita o mundo tal como se apresenta aos sentidos e reconhece a ineficácia de todo ato volitivo que pretenda alterar o rosto impassível da realidade oferecida à pura percepção ("Não tenho ambições nem desejos", p. 20). Paralelamente, ao voltar-se para o próprio ser, Caeiro vê em si o mero prolongamento da realidade sensível que se descortina em redor, identifica-se com ela e atribui, à sua existência individual, a mesma categoria de ser que reconhece para as plantas, as pedras e os rios:

> Sei que a pedra é real, e que a planta existe.
> Sei isto porque elas existem.
> Sei isto porque os meus sentidos mo mostram.
> Sei que sou real também.
> Sei isto porque os meus sentidos mo mostram. (p. 80)

Tomemos de empréstimo a Edmund Husserl a expressão que designa com propriedade a atitude representada, ou enunciada, por Caeiro: "realismo ingênuo". Segundo o filósofo alemão, é graças a essa forma de realismo que "eu tenho consciência de um mundo estendido ao infinito no espaço e que vem a ser infinito no tempo. Tenho consciência dele, quer dizer, antes de tudo: encontro-o diante de mim imediata e intuitivamente, experimento-o. Através da vista, do tato, dos ouvidos etc., nos diversos modos de percepção sensível, as coisas corpóreas se encontram, numa ou noutra distribuição espacial, *para mim,*

---

[5] *Poemas de Alberto Caeiro*, 3ª ed., Lisboa, Ática, 1958, p. 22. Texto utilizado nas demais citações.

simplesmente aí, aí adiante".[6] Parece ser essa, exatamente, a postura declaradamente assumida por Caeiro diante da realidade. Mas, entremos no seu recesso.

O ligar-se ao mundo pelos sentidos, como o faz Caeiro, determina um existir ingênuo, marcado pela simplicidade e por uma equilibrada harmonia. No entanto, já ao primeiro contato com seus versos, nos damos conta de que sua ingenuidade é apenas pretendida e só se sustenta enquanto declaração de princípios, não enquanto verossimilhança. O poeta parece querer sugeri-la empregando com freqüência um vocabulário simples e acessível, extraído da fala cotidiana, uma sintaxe despida de maiores artifícios e em que a articulação do discurso se dá, preferencialmente, pela coordenação, além de recorrer a um expediente elementar em matéria de linguagem metafórica, que é a comparação explícita: "Triste *como* um pôr-de-sol" (p. 19), "Noite entrada *como* uma borboleta pela janela" (p. 19), "Meu olhar é nítido *como* um girassol" (p. 22), "Triste *como* esmagar flores em livros" (p. 23), "Simples e calmos, *como* os regatos" (p. 29) etc.

Entretanto, desde o poema de abertura da série "O guardador de rebanhos", percebe-se a ausência da placidez e da serenidade que o realismo ingênuo (também chamado por Husserl, noutra parte, de "atitude natural") e os expedientes atrás enumerados fariam supor. Caeiro não esconde ser movido por uma consciência tensa, inquieta, que permanentemente se interroga:

> Às vezes, de repente, bate-me a Natureza de chapa
> na cara dos meus sentidos,
> e eu fico confuso, perturbado, querendo perceber
> não sei bem como nem o quê (p. 46)

> O que nós vemos das coisas são as coisas.
> Por que veríamos nós uma coisa se houvesse outra?
> Por que é que ver e ouvir seria iludirmo-nos
> se ver e ouvir são ver e ouvir? (p. 48)

---

[6] Edmund Husserl, *Ideas relativas a una fenomenología pura*, trad. mex., México, Fondo de Cultura Económica, 1962, p. 64.

Que pensará o meu muro da minha sombra?
Pergunto-me às vezes isto até dar por mim
a perguntar-me coisas...

E então desagrado-me, e incomodo-me. (p. 57)

Tais assertivas vão instilando na aparente placidez de Caeiro um pensamento cada vez mais complexo, quando não, pleno de sutilezas, que atua no rumo contrário ao da atitude por ele proposta, de apenas registrar a realidade captada pelos sentidos. A tensão leva-nos a pensar num movimento potencialmente dialético, que o realismo ingênuo rejeitaria, uma vez assentado o princípio de que o mundo se resolve no ver, de que o mundo aí está para ser visto, e não mais.

O constante interrogar-se, porém, com a tensão e a inquietação que daí resultam, denunciam um procedimento dialógico, o embate implícito travado entre esse *homem ingênuo*, que Caeiro diz ser, e uma outra parte sua, velada, *o homem pensante*, negação cabal da ingenuidade. Claro está, desse diálogo temos apenas o rebate ora enérgico, ora complacente, ora exaltado, ora irônico, com que o primeiro responde às interrogações subentendidas do segundo. Tal ambigüidade sugere que, ao fim de contas, o heterônimo Alberto Caeiro reúne a *persona* do "homem natural", que é o Guardador de Rebanhos, e a sua contraparte, digamos, "a consciência civilizada". Ambos se digladiam mas não se excluem, de tal modo que se manifestam, embora contraditoriamente, conjugados numa síntese única. À revelia da atitude natural, por isso mesmo pretensa, intromete-se na estrutura do ponto de vista do heterônimo a consciência das sensações, que vem agregar-se à sua apreensão direta e ingênua. Husserl explica-o em termos de desdobramento entre "ego psicológico", interessado na experiência, e "ego transcendental", contemplador desinteressado da própria consciência.[7] O primeiro seria responsável pela vivência ingênua da realidade; o segundo, por toda

---

[7] Cf. Edmund Husserl, *Meditaciones cartesianas*, trad. mex., México, Fondo de Cultura Económica, 1942, pp. 44-47.

sorte de elaboração mental posterior. É exatamente essa elaboração posterior que Caeiro quer excluir, ou negar – porque, no estágio em que se encontra (poeta *a pensar*, para compor poemas, e não mais homem ingênuo *a ver* a realidade), a reflexão é já inevitável. Mais ainda, manifestar-se a propósito dessa vivência ingênua só pode ser conseguido no nível da reflexão. Para reconhecer-se homem natural, Caeiro precisa deixar de sê-lo. Eis aí o impasse. Tratemos de esmiuçá-lo.

O tom aforístico[8], para o qual tende a maior parte da poesia de "O Guardador de Rebanhos" e dos "Poemas Inconjuntos", vai compondo uma espécie de *idearium* da atitude natural. Os poemas de Alberto Caeiro constituem, na verdade, um construto artificial, porque hiperintelectualizado (em oposição à naturalidade das sensações), em cujo bojo se abriga uma sistemática e bem urdida reflexão em torno da *idéia* básica de vivência ingênua. O contato imediato e ingênuo com a realidade desencadeia, de fato (é o que de hábito admitimos), apenas sensações, pura e simplesmente, mas nos poemas de Caeiro está já o material resultante de uma adiantada atividade mental, analítica, que a naturalidade proposta obviamente exclui. Em outras palavras, para viver o mundo em termos de atitude natural, é preciso não pensá-lo. Afirmar (e portanto pensar) que é esse o seu modo de existir é, por supérfluo, contraditório. Advém daí que a naturalidade de Caeiro é falsa, porque fruto de um requintado artifício, a reflexão. O homem natural que ele diz ser é apenas uma aspiração que ele se permite supor, imaginativamente. Em seus poemas está o que Caeiro viveria *caso de fato fosse um guardador de rebanhos*:

Eu nunca guardei rebanhos
mas é como se os guardasse. (p. 19)

---

[8] Pensar é não compreender, Há metafísica bastante em não pensar em nada, O único mistério é haver quem pense no mistério, O único sentido íntimo das coisas é elas não terem sentido íntimo nenhum, As coisas não têm significação: têm existência, Vivemos antes de filosofar, existimos antes de o sabermos... etc.

Parece mais claro, agora, o sentido do dístico que abre a série. Ao afirmar, de saída, que nunca guardou rebanhos, Caeiro anuncia, com irônica e meridiana clareza, que nunca foi um homem natural, nunca pôde estar no mundo em termos da vivência ingênua determinada pelo imediatismo da atitude natural. A conexão adversativo-comparativa que vem a seguir, "mas é como se os guardasse", define, com a mesma clareza, a espécie de jogo a ser jogado daí por diante, o jogo da imaginação: mas escrevo meus poemas ou componho minha imagem do mundo, por via exclusiva da imaginação, isto é, vou simular ver o mundo como um pastor ingênuo o veria. O jogo consiste em assumir uma das muitas *personae* possíveis, essa *persona* que finge ser um pastor. Mas uma vez vestida a máscara-Caeiro, a vontade interior ou a consciência que assim o determinou continua presente, embora latente, como vimos parágrafos atrás: o ego transcendental a guiar, nos bastidores, o ego psicológico criado pelo jogo imaginativo.

A inquietação e o tônus melancólico, que imperceptivelmente se infiltram na poesia de Caeiro, decorrem de existir nela a nostalgia de uma atitude natural irremediavelmente perdida, recuperável apenas pela imaginação ou pela reflexão, consciente de seu artifício. Entre parênteses, registre-se que a mesma sensação parece existir, em variadas formas, no restante da poesia de Fernando Pessoa, como se toda ela fosse impelida por uma espécie de platônica reminiscência de um mítico realismo ingênuo propiciador de uma perfeita harmonia com o mundo, mito que aliás propulsiona todo fazer poético, como sugere Albert Béguin.[9] Não será esta a sensação que ocorre a Álvaro de Campos, no conhecido apóstrofo da "Tabacaria"?

> Come chocolates, pequena,
> come chocolates!
> Olha que não há mais metafísica no mundo senão chocola-
> [tes.

---

[9] A. Béguin, *L'âme romantique et le rêve*, Paris, José Corti, 1949, p. 481.

> Olha que as religiões todas não ensinam mais que a confeita-
> [ria.
> Come, pequena suja, come!
> Pudesse eu comer chocolates com a mesma verdade com que
> [comes!
> Mas eu penso e, ao tirar o papel de prata que é de folha de
> [estanho,
> Deito tudo para o chão como tenho deitado a vida. (p. 325)

– sensação, por outro lado, semelhante àquela experimentada pelo Pessoa ortônimo, quando invoca a "pobre ceifeira":

> Ah! poder ser tu sendo eu,
> ter a tua alegre inconsciência
> e a consciência disso! (p. 111)

A idéia da nostalgia ou da reminiscência ficará mais clara depois de examinarmos o problema de outro ângulo. A atitude natural de Caeiro repousa no princípio da autonomia e independência da realidade exterior, em relação ao indivíduo que se coloque diante dela, o que significa ênfase no *objetivo*, ao estabelecer-se a relação sujeito-objeto. Por outro lado, a realidade exterior oferece-se à consciência pelos sentidos, que passam a ser a condição de existência dessa realidade *para o sujeito*. Quer dizer, na relação "Eu vejo uma árvore", os dois termos, Eu-Mundo, se associam indissoluvelmente. Ora, se eu não estiver vendo a árvore, ingenuamente mas com alguma lógica devo inferir que a árvore não existe. Estamos no outro extremo: a ênfase passa a recair agora sobre o subjetivo. A partir daí, eu passo a manipular não mais experiências, porém imagens substitutivas, e, conseqüentemente, minha consciência se transforma num foco deformador da realidade.

Essa deformação subjetiva existe disseminada pelos poemas de Caeiro e aparece maciça nas canções de números XVI-XIX:

> Quem me dera que a minha vida fosse um carro de bois
> que vem a chiar, manhãzinha cedo, pela estrada...
> Eu não tinha que ter esperanças, tinha só que ter rodas.
> A minha velhice não tinha que ter rugas nem cabelos bran-
> [cos. (p. 42)

Não obstante o poeta nos tivesse alertado, com argúcia, na canção anterior, com uma desculpa prévia ("As quatro canções que seguem / Separam-se de tudo o que eu penso, / Mentem a tudo o que eu sinto, / São ao contrário do que eu sou... / Escrevi-as estando doente", p. 41), o que temos na canção de número XVI e nas três que seguem é a negação da atitude natural, que deveria aceitar a realidade tal como se mostra para os sentidos. O ato volitivo, e portanto o aceno de uma impossibilidade advinda de uma insatisfação, insinua-se na imagem de realidade já não mais captada, mas sonhada ou idealizada pelo pastor nada ingênuo, perturbando o quadro estável e supostamente harmonioso das sensações exteriores. O poeta acaba por se isolar num espaço puramente interior, povoado de imagens, no que vai, implícita, a rejeição da realidade.

A autonomia e independência do objeto com relação ao sujeito, apesar da contradição que desencadeia, levará Caeiro a admitir que, mesmo que eu não a esteja vendo, a árvore continua a existir, e a relação Eu-Mundo não se estabelece mais entre consciência e "objeto real" mas entre consciência e "objeto imanente",[10] como diz Husserl, exatamente porque na equação se inserem, agora, a categoria da temporalidade e a perspectiva circunstancialista. Erguer uma concepção do mundo com base nesses pressupostos, como o faz Caeiro, significa mover-se ao nível da "reflexão transcendental", ou na "região da consciência pura", nível em que, ensina o filósofo, "surge certamente, no lugar da vivência primitiva, outra essencialmente distinta, pelo que podemos dizer que a reflexão *altera* a vivência primitiva".[11] Detenhamo-nos por um momento neste ponto.

---

[10] Cf. E. Husserl, *Ideas relativas...*, pp. 217-220.
[11] *Meditaciones...*, pp. 61-68 et passim.

O processo reflexivo compreende, segundo Edmund Husserl, duas etapas distintas: a da reflexão natural, em que o sujeito se afasta da vivência imediata e pensa os dois termos nela implicados, o Eu e o Mundo; e a da reflexão transcendental, em que o sujeito se afasta um grau mais e reflete sobre o próprio ato de pensar. No estágio da vivência ingênua, anterior à reflexão natural, o Eu é participante interessado de uma experiência e se caracteriza como ego psicológico; no derradeiro estágio, o Eu se transforma em contemplador desinteressado da própria consciência, chegando ao nível do ego transcendental, como o temos em Caeiro.

Mas retomemos a antinomia sujeito x objeto, para assinalar que esta se prende diretamente a outra, ideal x real. Em alguns momentos, o mundo aparece para Caeiro como um todo homogêneo, fusão perfeita de Eu e Não-eu. Essa homogeneidade, porém, não chega a ser uma totalidade, de vez que na equação entra apenas o ego psicológico, interessado na vivência imediata, e portanto identificado com a realidade exterior, para com ela formar esse *todo* homogêneo. Noutros momentos, reflui a consciência de que existe um Eu interior, pensando essas idéias e organizando essa visão de mundo; um Eu pensante, que leva o pretenso pastor a afastar-se da realidade fenomênica para encará-la não mais como um *uni-verso* mas como um *duo-verso*: aqui, o ego transcendental, contemplativo e desinteressado; mais além, o mundo visível. Quer dizer, assim como o sujeito pode encarar-se de dois ângulos, um psicológico-imediato, outro transcendental-mediato, também a realidade circundante admite dois pontos de vista: um, o do real que está diante dos olhos e com o qual o poeta estabelece uma relação fenomênica contingente, da qual tenta descontar a consciência de estar vendo, a fim de lhe preservar a autonomia. Outro, o do real que é dado como existente por um *pressuposto* da inteligência (mesmo sem vê-la, ele *sabe* que a árvore existe), perfeitamente coerente com o realismo ingênuo, mas contraditório em relação ao imediatismo sensorialista que o levou à primeira afirmação, enquanto postura básica de conhecimento.

Ideal e real oscilam e se alternam, indefinidamente, de acordo com o ponto de partida adotado na relação. Uma síntese unificadora parece impossível, justamente porque, nesses termos, não há como escapar do dualismo. A idéia, já antes lembrada, de que a reflexão altera a vivência primitiva e engendra outra, pode levar-nos a uma conclusão, com certeza evidente. No fim de contas, a única realidade possível para Alberto Caeiro é a realidade da consciência e da linguagem; o único real possível é o real poético. Para Caeiro, o real se reduz, por paradoxal que pareça, exclusivamente às imagens, às formas e aos ritmos de sua poesia. É ele próprio quem o afirma, como que para complementar o dístico que encabeça a coletânea:

> Sou um guardador de rebanhos.
> O rebanho é o meus pensamentos. (p. 37)

Tudo o mais se evapora ou se transfigura no instante mesmo em que a consciência entra em contato com a realidade, absorvendo-a, de tal modo que o ego transcendental assume a função de pastor de *idéias*, a fim de mantê-las bem guardadas e bem comportadas no "redil", evitando que alguma, mais afoita, venha a perturbar ostensivamente a coerência interna da ficção pretendida. Ao longo do processo reflexivo, a consciência cresce, amplia a variedade e transforma a natureza de suas categorias, estendendo ao infinito o horizonte de suas possibilidades, quer pela alteração da vivência primitiva, quer pela formulação de espaços vivenciáveis puramente imaginários. De um lado, e em princípio, a reflexão isola o sujeito da realidade imediata; de outro, e em seguida, as estruturas da consciência tendem a ocupar o lugar das estruturas da realidade fenomênica, não obstante o contínuo intercâmbio entre uma e outra categoria. Um breve desvio conduzirá ao fecho da análise.

O problema da oposição entre o "dentro" e o "fora", ou entre ideal e real, parece comum ao restante da poesia de Fernando Pessoa. Álvaro de Campos chega a afirmar que "é possível fazer a realidade de tudo isso sem fazer nada disso" (p. 225). O primeiro "fazer" situa-se, obviamente, na categoria da consciência, e o segundo, na da realidade sensível. "Fazer a realidade de tudo isso" significaria viver pela imaginação, o que é tão real quanto experimentar efetivamente. Diante dessa verificação (o estágio inicial, conforme propusemos), não resta a Pessoa senão ir multiplicando na consciência, cada vez mais espaçosa, as possibilidades de existir que a vivência imediata e a atitude natural, ainda que fossem exeqüíveis, reduziriam à unidade. Daí a criação dos heterônimos, cujo número poderia crescer, teoricamente, ao infinito; e daí Caeiro colocar-se, possivelmente, no início do processo, como uma espécie de situação geradora, de vez que nele se configura a condição que faculta a multiplicação sistemática em *personae*.

Em Caeiro, teríamos a utopia do homem identificado com o mundo, e, portanto, com os outros homens – utopia porque ele próprio se encarrega de demonstrá-la, por demonstrá-la, absurda. No Pessoa ortônimo, a consciência se introjeta, liricamente, e tenta substituir-se ao mundo; mas o introjetar-se não impede contemplar a realidade (que de qualquer modo está sempre *ali*), como quem tem nostalgia ou como quem lastima estar irremediavelmente afastado dela. Lembremos, por exemplo, o que afirma da "pobre ceifeira", no fragmento já antes citado:

> Ah! poder ser tu, sendo eu!
> Ter a tua alegre inconsciência,
> e a consciência disso! Ó céu!
> Ó campo! Ó canção! A ciência
> pesa tanto e a vida é tão breve!
> Entrai por mim dentro! Tornai
> minha alma a vossa sombra leve!
> Depois, levando-me, passai!

Ricardo Reis, por sua vez, se refugia no derivativo de uma suposta, e conscientemente suposta, atmosfera greco-latina, em verdade nem grega nem latina, mas simplesmente pessoana, e uma atmosfera sob todos os títulos afim do mundo natural fingido por Caeiro. Em Álvaro de Campos, o isolamento e a incomunicabilidade constituem marcas decisivas no delineamento da *persona* representada em seus poemas e aí o que temos é a tentativa de resolver o impasse pela dissolução do Eu no mundo exterior, a fim de eliminar a barreira entre o dentro e o fora, por meio da anulação da consciência no embate angustiado contra a realidade física e humana que o circunda – uma espécie de Nirvana às avessas. Mas a situação absurda permanece: a dissolvência ou desintegração da consciência continua a operar-se nela mesma, sem que a realidade fenomênica sofra qualquer alteração com o processo. Tal re-integração no Mundo é mera virtualidade ou aspiração ou, ainda, fingimento. Mesmo porque, em momento algum o poeta alcança libertar-se da sufocante consciência do próprio Eu, de que advém um profundo tédio (ou "náusea", para falar em termos sartreanos), visível na obsessiva temática do cansaço, em que insiste a parte final de seus poemas.

Em suma, o problema capital com que nos deparamos na análise da máscara-Caeiro, qual seja o do antagonismo entre vivência e reflexão, sujeito e objeto, ideal e real, atinge em Álvaro de Campos seu ponto culminante, e este é o heterônimo que se reconhece "estrangeiro aqui como em toda a parte". Com isso, o sonho de Caeiro, esse de existir claramente e saber fazê-lo sem pensar nisso, é definitivamente adiado, porque realizá-lo, como já o havia dito Ricardo Reis, "está além dos deuses".

Sem a loucura, que é o homem?

"Introdução" a *Mensagem*, Difusão Européia do Livro, 1986

1

Em 1934, o Secretariado de Propaganda Nacional, em plena vigência do regime salazarista, instituiu o prêmio literário "Antero de Quental", que seria atribuído ao melhor livro de poesia nacionalista que se submetesse a concurso. No mesmo ano, por insistência de amigos, Fernando Pessoa publicara o seu primeiro e único livro em língua portuguesa, *Mensagem*. "Comecei por esse livro as minhas publicações", esclarece o poeta em carta a Adolfo Casais Monteiro, datada de 13 de janeiro de 1935, "pela simples razão de que foi o primeiro livro que consegui, não sei por que, ter organizado e pronto. Como estava pronto, incitaram-me a que o publicasse: acedi. Nem o fiz, devo dizer, com os olhos postos no prêmio possível do Secretariado, embora nisso não houvesse pecado intelectual de maior. O meu livro estava pronto em setembro, e eu julgava, até, que não poderia concorrer ao prêmio, pois ignorava que o prazo para entrega dos livros, que primitivamente fora até fim de julho, fora alargado até ao fim de outubro. Como, porém, em fim de outubro já havia exemplares prontos da *Mensagem*, fiz entrega dos que o Secretariado exigia. O livro estava exatamente nas condições (nacionalismo) de concorrer. Concorri."[1]

---

[1] F. Pessoa, *Páginas de Doutrina Estética*, Lisboa, Inquérito, 1946, pp. 256-257.

O resultado foi divulgado no dia 31 de dezembro do mesmo ano. O júri, presidido por Antônio Ferro, e composto por Alberto Osório de Castro, Mário Beirão, Acácio de Paiva e Teresa Leitão de Barros, atribuiu o prêmio ao livro *Romaria*, do padre franciscano Vasco Reis, alegando ver·aí, segundo nota divulgada pelo *Diário de Lisboa* de 4 de janeiro de 1935, "uma obra de genuíno lirismo português, que revela uma alta sensibilidade de artista e que tem um sabor marcadamente cristão e popular". Mas, por interferência de Antônio Ferro (para João Gaspar Simões, "o único membro do júri em condições de compreender o valor e o sentido da obra de Fernando Pessoa")[2], foi criado para *Mensagem* um prêmio de "segunda categoria", pois, ainda de acordo o *Diário de Lisboa*, trata-se de "um alto poema de evocação e interpretação histórica, que tem sido merecidamente elogiado pela crítica". Mais adiante, a nota reconhece o equívoco, bem como a tentativa de atenuá-lo através desse prêmio secundário, não previsto nos regulamentos: "O diretor do Serviço de Propaganda Nacional não teve de intervir em nenhuma das resoluções tomadas. Mas decidiu, atendendo ao alto sentido nacionalista da obra e ao fato de o livro ter passado para a segunda categoria apenas por uma simples questão de páginas, elevar para 5.000 escudos o prêmio atribuído à *Mensagem* de Fernando Pessoa".

Encontra-se até hoje intacto, no espólio do poeta, o convite para o sarau da entrega do prêmio. Pessoa evidentemente não compareceu, cônscio da injustiça que foi o seu livro ter sido preterido em favor de uma coletânea de versos simplórios, exploração demagógica do sentimentalismo e da supersticiosa religiosidade popular, "obra para marçanos e costureiras, isto é, para gentinha simples e sem cultura", no dizer de Gaspar Simões, que não crê "que se tenha tomado a sério o Sr. Vasco Reis e a sua *Romaria*.

---

[2] J. G. Simões, *Vida e Obra de Fernando Pessoa*, Lisboa, Bertrand, 1951. vol. 2, p. 320.

Sejamos indulgentes: trata-se de um momentâneo abuso de água benta..."³

Não foi afinal nenhuma surpresa. Surpresa teria sido o Secretariado premiar o hermetismo pessoano e criar, à última hora, um prêmio de consolação para a "água benta" de Vasco Reis. Houvesse entre os responsáveis pela Propaganda do Estado Novo, implantado havia quase dez anos, alguém capaz de atinar com as diferenças entre as duas obras e talvez não fosse necessário esperar tantos anos para que o país festejasse a Revolução dos Cravos: outra revolução teria ocorrido, muito antes, quem sabe a Revolução da Rosa – essa "Rosa do Encoberto", de que fala o quinto poema da terceira parte do livro. Que a *Mensagem* lide com a história de Portugal e seja obra de "cunho nacionalista", como determinavam as normas do concurso, ninguém duvida, e foi o que justificou a premiação; mas lida também com outras matérias, menos históricas e menos temporais, obscuras e enigmáticas – e isso já tem que ver com a "segunda categoria".

Chamado à atenção por Casais Monteiro, o poeta confessa, na mesma carta atrás mencionada: "Concordo absolutamente consigo em que não foi feliz a estréia, que de mim mesmo fiz, com um livro da natureza de *Mensagem*. Sou, de fato, um nacionalista místico, um sebastianista racional. Mas sou, à parte isso, e até em contradição com isso, muitas outras coisas. E essas coisas, pela mesma natureza do livro, a *Mensagem* não inclui". Mostrando-se agastado com o episódio, e talvez arrependido, Pessoa adiante remata: "Quando às vezes pensava na ordem de uma futura publicação de obras minhas, nunca um livro do gênero de *Mensagem* figurava em número um".⁴

O que não é de todo verdade. O projeto do livro data, pelo menos, de 1913, quando Pessoa escreveu o poema

---

³ "Fernando Pessoa e o Prêmio Antero de Quental", carta ao jornal *Fradique*, transcrita pelo remetente, J. G. Simões, em seu livro *Heteropsicografia de Fernando Pessoa*, Porto, Inova, 1973, pp. 381-9.
⁴ *Páginas de Doutrina Estética*, ed. cit., pp. 256-7.

"Gládio", depois incluído em *Mensagem*, com o título "D. Fernando, Infante de Portugal"; ou de 1918, quando compôs "Padrão" e "O Mostrengo", publicados em novembro de 1922, no número 4 da revista *Contemporânea*, juntamente com os demais poemas que integram a segunda parte da obra, e já com o título definitivo, "Mar Português". O projeto, em suma, é antigo no espírito do poeta, e até pouco antes da publicação o livro chamou-se *Portugal*. À última hora, o título foi substituído, "por não achar a sua obra à altura do nome da Pátria" e por *Mensagem* "estar mais dentro da índole do trabalho e, ainda, por ter o mesmo número de letras".[5] Além dessas, Pessoa aponta ainda outra razão: "Alterei o título porque o meu velho amigo Cunha Dias me fez notar – a observação era por igual patriótica e publicitária – que o nome da nossa Pátria estava hoje prostituído a sapatos, como a hotéis a sua maior Dinastia. 'Quer você pôr o título do seu livro em analogia com *portugalize os seus pés?*' Concordei e cedi, como concordo e cedo sempre que me falam com argumentos. Tenho prazer em ser vencido quando quem me vence é a Razão, seja quem for o seu procurador".[6]

Quanto a *Mensagem* jamais ter figurado "em número um" na ordem das suas publicações, vários planos anteriores o desmentem, bem como a carta dirigida a Gaspar Simões, de 28 de julho de 1932, onde Pessoa diz explicitamente: "Era minha intenção começar as minhas publicações por três livros, na ordem seguinte (1) *Portugal*, que é um livro pequeno de poemas (tem 41 ao todo),[7] de que o "Mar Português" é a segunda parte; (2) *Livro do Desassossego*; (3) *Poemas Completos de Alberto Caeiro*".[8] Mas, pouco tempo depois, em outra carta ao mesmo destinatário, o plano é refeito, excluindo-se Bernardo Soares e Alberto Caeiro da lista de prioridades, mas

---

[5] J. G. Simões, *Vida e Obra de F.P.*, ed. cit., vol. 2, pp. 316-7.
[6] F. Pessoa, *Sobre Portugal: Introdução ao Problema Nacional*, Lisboa, Ática, 1978, p. 179.
[7] Esse total chegará a 44, na versão definitiva.
[8] *Cartas a João Gaspar Simões*, Lisboa, Europa-América, 1957, p. 117.
[9] Idem, p. 119.

confirmando-se a prioridade máxima de *Portugal*: "A intenção, possivelmente provisória, em que estou agora é de publicar, sendo possível, este ano, ou na passagem dele para o outro, o *Portugal* e o *Cancioneiro*. O primeiro está pronto e é livro que tem possibilidade de êxito que nenhum dos outros têm".[9]

Elaborar e alterar, sucessivas vezes, planos de publicação jamais concretizados, foi uma das constantes da atividade literária de Fernando Pessoa, e em quase todos eles *Portugal* aparece em posição de destaque. Só mesmo a humilhação de um prêmio de "segunda categoria" e a consciência do erro ("possibilidade de êxito que nenhum dos outros têm") poderiam levá-lo a afirmar que tal livro jamais figurou "em número um" nos seus planos. *Mensagem* é, sem dúvida, um livro especial no conjunto da obra pessoana, provavelmente o único projeto acalentado ao longo de toda a carreira, ao qual o poeta dedicou, desde sempre, um empenho que o restante da sua produção desconheceu.

Especial porque aí se concentra, em dose maciça, aquilo que falta às demais vertentes da poesia pessoana: nacionalismo, consciência da tradição histórica, senso do coletivo, desejo de participação. Com efeito, o restante da obra, ortônima e heterônima, mostra sempre uma atitude autocontemplativa, de individualismo exacerbado. Caeiro fala da "paz da natureza sem gente" e afirma que "todo o mal do mundo vem de nos importarmos uns com os outros"; Álvaro de Campos se queixa: "Não me peguem no braço! / Não gosto que me peguem no braço. Quero ser sozinho"; e assim por diante, até culminar naquela imagem arquetípica de um marinheiro perdido numa ilha deserta, a sonhar a "pátria que nunca tivesse tido" – um dos símbolos mais eloqüentes da misantropia que perpassa a obra pessoana.

Não assim em *Mensagem*, onde a subjetividade se reduz a discretas intervenções, não obstante decisivas, e se impessoaliza, para se fazer porta-voz do *ethos* coletivo: a história pátria, os

---

[9] Idem, p. 119.

fundamentos da nacionalidade, os grandes vultos e proezas dos descobrimentos e, acima de tudo, o misticismo sebastianista, marcado de forte intenção profética. *Mensagem*, ao que tudo indica, ambiciona apreender o sentido profundo do percurso histórico português, suas raízes, suas perspectivas e esperanças, a fim de formular uma interpretação de Portugal como entidade coletiva, à qual o poeta se sente irmanado.

Dispersivo e inconstante, no mais que produziu – seja por debilitação da vontade, seja por força de uma severa autocrítica –, Pessoa deixou uma obra evidentemente fragmentária e provisória, indícios geniais do altíssimo projeto que jamais se cumpriu na medida sonhada por ele. Por isso avulta a importância de *Mensagem*, seu único livro organicamente estruturado e definitivo, elaborado com dedicação ímpar, ao longo de toda a carreira. Mais de um crítico assinalou (Casais Monteiro à frente) que *Mensagem* não constitui a faceta mais representativa de Fernando Pessoa. Talvez não, isto é sempre discutível; mas é preciso levar em conta o objetivo predominantemente ideológico, e não apenas artístico, que presidiu à sua concepção. *Mensagem* é o único escrito de Pessoa que procura realizar *diretamente* (já que, indiretamente, toda a obra o faz) a sua intenção declarada nas conhecidas "Palavras de Pórtico": "Cada vez mais ponho na essência anímica do meu sangue o propósito impessoal de engrandecer a pátria e contribuir para a evolução da humanidade. / É a forma que em mim tomou o misticismo da nossa Raça".[10]

Compreende-se, pois, o desgosto que terá sido para o poeta a atribuição de um prêmio de "segunda categoria" a um livro concebido segundo ideais tão nobres e elevados, não pela humilhação pessoal que o episódio pudesse significar, mas pela incompreensão do júri, representativo de toda a coletividade, incapaz de atentar para a gravidade da crise por que passava a nação, e incapaz, portanto, de atinar com a visão mística e nacionalista, sebastianista e racional da *Mensagem*.

---

[10] F. Pessoa, *Obra Poética*, 4ª ed., Rio de Janeiro, José Aguilar, 1974, p. 15.

2

Deixemos de lado, por ora, o possível sentido messiânico da livro, e outras generalidades, para tentar um contacto preliminar com o texto enquanto construção poemática: formas, linguagem, organização interna, sentidos denotativos etc.

Notemos de início que a divisão de *Mensagem* em três partes ("Brasão", "Mar Português" e "O Encoberto") não corresponde a um arranjo simétrico e uniforme. A primeira parte contém 19 poemas e se subdivide em cinco seções: "Os Campos", com 2 poemas, "Os Castelos", 8, "As Quinas", 5 , "A Coroa", 1, e "O Timbre", 3; a segunda compreende 12 poemas, sem subdivisões; e a terceira, 13 poemas, distribuídos por três seções : "Os Símbolos", 5 poemas, "Os Avisos", 3, e "Os Tempos", 5. Destaca-se nessa divisão o teor mais complexo das partes I e III, cujas subdivisões sugerem uma constituição em vários planos, que se superpõem, em regime de subordinação; no intervalo entre elas, temos um conjunto mais simples, a parte II, organizado pela sucessão linear de 12 poemas. Ainda quanto a esse aspecto, observe-se que a complexidade é mais acentuada na primeira que na terceira parte.

Verificado isso, de par com a seqüência cronológica sobre a qual se armam as referências históricas, é imediato perceber que a desigualdade de tratamento na distribuição dos poemas em seções, e destas em partes, funciona como metáfora de uma interpretação da história de Portugal. "Brasão" lida com a formação da nação portuguesa, sua expansão territorial, e chega até os descobrimentos – uma fase árdua, difícil, plena de avanços e recuos, conforme se "lê" já na complexa organização formal; "Mar Português" se concentra nas viagens e na amplidão marítima, fase de apogeu e domínio, espécie de patamar sobre o qual se alteia o espírito heróico português – índice emblematizado na ausência de obstáculos da organização linear dos poemas; a terceira parte, "O Encoberto", fixa-se na figura de d. Sebastião e na idéia messiânica do Quinto Império, aludindo assim ao longo período de decadência, de desencontro e incerteza, que se estende até o tempo do poeta (que aliás só nesta parte se manifesta em seu próprio nome) – índice novamente simbolizado na complexidade da organização formal. Temos, portanto, um fio cronológico e uma seqüência histórica que justificam a distribuição desigual dos poemas e seções.

Por outro lado, "Brasão" não é só o título da parte I, é também a sugestão da imagem icônica, de estrutura regular, sobre cujos elementos os respectivos poemas e secções se organizam. Estamos diante de duas linguagens: de um lado, o escudo heráldico, com suas formas, cores, volumes e quantidades, marcadas pelo signo da *visualidade*; de outro, a *verbalização* dos poemas, linguagem subalterna e dependente, já que armada a posteriori, para corresponder, simetricamente, ao desenho do brasão. Nova metáfora: os conteúdos que se lêem na parte I (origens de Portugal, a formação da nacionalidade, a expansão territorial etc.) possuem um correspondente analógico no plano sensível e podem ser representados visualmente pelo ícone coletivo que é o brasão. Com "Mar Português" e com "O Encoberto", não acontece o mesmo: trata-se de conteúdos perceptíveis só pela inteligibilidade direta. O valor metafórico do brasão enquanto ícone (para além ou aquém dos seus significados heráldicos), utilizado na primeira parte, assim como a ausência de ícones dessa ordem nas outras duas, parece evidente: nas suas origens, a história de Portugal é clara, nítida, emblemática; a partir das conquistas ultramarinas, essa nitidez começa aos poucos a se perder, até se transformar em obscuridade: "Ó Portugal, hoje és nevoeiro".

Antes de passar adiante, e apenas a título de ilustração, atente-se no vínculo rigoroso que se arma entre os elementos do brasão e os poemas e seções da primeira parte.

Chama a atenção o fato de que os castelos são

sete mas oito os poemas correspondentes, razão pela qual o último se subdivide em "Sétimo I" e "Sétimo II" – mas a isso chegaremos logo adiante. Mesmo sem entrar numa análise propriamente heráldica do brasão, alguns aspectos mais elementares podem ser assinalados. O campo externo, vermelho, onde se inscrevem os castelos, dourados, representa defesa e proteção, função secundária e periférica, já que o fundamental encontra-se no interior do emblema; o campo interno, prateado, onde se alojam as cinco quinas, azuis, com bordadura em vermelho, representa a essência do espírito português, religioso e cristão, desde a origem. (De acordo com a tradição, as quinas figuram as chagas de Cristo e, por isso, se dispõem em forma de cruz.)

Note-se, ainda, que a Coroa, símbolo de realeza e nobreza, não é confiada a nenhum rei ou rainha, mas ao fiel seguidor do Mestre de Avis, Nuno Álvares Pereira, o guerreiro que depois se tornou santo, e isto parece indício seguro de que, para o poeta, a verdadeira nobreza não é a do sangue, mas a do espírito, e tem que ver com o desprendimento, a lealdade, a generosidade, a coragem e a renúncia aos bens terrenos. Temos aí um perfil que em muito se assemelha ao do próprio poeta, como se Nuno Álvares fosse o seu alter-ego, ou a idealização da sua auto-imagem, a expressar uma visão da realidade bem menos histórica do que parece: em lugar de servir à história de Portugal, Pessoa serve-se dela. Repare-se, também, que o timbre concebido pelo poeta, o grifo, substitui o tradicional dragão alado dos brasões reais. Por que o grifo? Primeiramente porque a águia e o leão são dos símbolos mais antigos e elevados em heráldica; depois, por sua associação dúplice com Apolo e Dionísio – o diurno e o noturno, a ordem e a desordem, antinomia das mais caras ao escritor.

Observe-se, por fim, que as quantidades e as relações numéricas presentes na primeira parte não se repetem, e têm um provável significado esotérico. Comecemos pela *unidade* primordial (a coroa), a que se segue a *bi-unidade* (os campos) resultante da *tri-unidade* original (o grifo), pela expulsão do elemento harmonizador dos contrários. Na tradição esotérica, *cinco* são os fluidos da alma (as quinas): o astral, o nervoso, o fogo serpentino, o hormonal e o sangue; *sete* (os castelos) são os estados da matéria, bem como as etapas do caminho alquímico em seu pretendido retorno à unidade primordial, cabendo ainda mencionar a "nobre senda *óctupla*" dos adeptos de Buda, já que são *oito* os poemas relativos aos sete castelos.[11] Tais associações numéricas podem ser estabelecidas à luz do Rosacrucianismo ou da Teosofia, do Budismo ou do Gnosticismo, e é pouco provável que Pessoa não tivesse em mente essas tradições ao optar pelas quantidades da primeira parte da *Mensagem*. Mas, caso esse tipo de especulação incomode o racionalismo do leitor, talvez possamos chegar a um resultado equivalente – *Mensagem* é um livro hermético – por outra via. Vejamos tudo de outro ângulo.

A matéria que fornece os motivos dominantes da obra é, sem dúvida, a história de Portugal. Vimos já, quanto a isso, como a *Mensagem*, na sua divisão em três partes, referenda a interpretação corrente e óbvia dessa história: ascensão, apogeu, declínio. Observemos, porém, que o livro está longe de possuir caráter narrativo, ao contrário do que acontece, por exemplo, com *Os Lusíadas*. Quem não conheça a história de Portugal, sairá da leitura da epopéia camoniana com uma boa massa de informações a respeito, não importa se fidedignas ou não; não assim com a *Mensagem*. No caso da obra pessoana, esse mesmo desconhecimento levará o leitor a não compreender toda uma série de alusões, tornando-se o poema ainda mais enigmático do que já é. A *Mensagem* não informa, descritiva ou narrativamente, a respeito de personagens e eventos, apenas alude a eles, de modo velado, e às vezes só nos títulos dos poemas. Para dizer o mínimo, *Mensagem* é um livro ambíguo: o sentido dos seus poemas pode ser sempre referido, a princípio, à história de Portugal, e isso o restringe, como pode inscrever-se num âmbito generalizado de significação, independentemente dessa história. Em suma, enquanto Camões

---

[11] Note-se, ainda, que os números *três* e *cinco* reaparecem na terceira parte, e que a segunda é montada sobre o número *doze*: as esferas celestes, o zodíaco, os meses do ano, a harmonia universal.

insere em seu poema um relato da história da nação, Pessoa apenas utiliza-se de algumas figuras e episódios, para ver neles, ou para atribuir a eles, um sentido transcendente, que escapa ao primeiro olhar – o olhar que se debruça sobre a *Mensagem* e/ou sobre a história portuguesa. Estamos tocando no problema capital do foco narrativo ou do ponto de vista. Acompanhe comigo o leitor o rápido exame das partes e secções do livro, tendo em mente esse aspecto.

Na primeira secção da parte I, "Os Campos", uma voz impessoal descreve, primeiro a Europa, terreno onde se localiza a defesa periférica de Portugal, que, de costas para o continente, fita o oceano, "futuro do passado" – primeiro anúncio do destino marítimo da nação; e em seguida descreve a figura de Cristo, "campo" onde a essência de Portugal se firma. Na segunda seção, "Os Castelos", essa voz começa a se tornar pessoal, já que se dirige às figuras designadas por meio de um "tu" explícito, hipótese de diálogo: Ulisses, Viriato, d. Henrique, d. Tareja, d. Afonso Henriques, d. Dinis, d. João I e d. Filipa. A voz que aí fala é a de um Eu latente, ponto de vista fixo, a marcar a rígida distância que o separa da orla exterior, onde se encontram os castelos. Na terceira seção, "As Quinas", em cada poema é a própria figura histórica que se manifesta, em primeira pessoa, sem a mediação descritiva ou interlocutora de outra voz. Vale dizer, *a essência de Portugal fala por si*, nesta série de epitáfios à maneira dos gregos antigos, em que o morto esboça, como que de além-túmulo, o seu próprio retrato – a mesma técnica, aliás, empregada por Pessoa numa de suas coletâneas de poemas em inglês.[12] Na quarta seção, "A Coroa", o poeta volta a dialogar com a figura histórica, chamando-lhe "tu", e na última, "O Timbre", retoma o tratamento inicial: o grifo é uma terceira pessoa, à qual o Eu se refere. "Falar" (as quinas), "falar a" (os castelos e a coroa) ou "falar de" (os campos e o timbre) são as três modalidades de linguagem utilizadas no "Brasão" e descrevem o movimento alternado de aproximação e afastamento do Eu em relação à matéria do poema.

---

[12] *Inscriptions*, *Obra Poética*, ed. cit., pp. 609-611.

Na parte II, "Mar Português", a aparente uniformidade encobre grande variedade de tratamentos. Temos aí as formas já utilizadas na parte anterior: a personagem histórica que fala em primeira pessoa (Diogo Cão, "Padrão"), a figura interpelada em segunda pessoa ("O Infante") ou as figuras referidas em terceira pessoa ("O Mostrengo", "Epitáfio de Bartolomeu Dias", "Fernão de Magalhães" e "Ascensão de Vasco da Gama"). E temos agora a presença marcante da primeira pessoa do plural, quer auto-referida ("Ocidente"), quer dirigida a um "tu" ("Horizonte", "Mar Português", "Prece"), quer referida a uma terceira pessoa ("Os Colombos"). Em todos esses casos, fica evidente a passagem de um Eu pessoal e individualizado, visível no "falar a" e no "falar de" da parte I, para a assunção do Eu coletivo, fala comum, que prevalece na parte II.

Mais importante, porém, que a primeira pessoa do plural (embora apareça num único poema da segunda parte, "A Última Nau"), é o Eu do próprio poeta, que aqui se manifesta pela primeira vez:

> Ah, quanto mais ao povo a alma falta,
> Mais a minha alma atlântica se exalta
> E entorna,
> E em mim, num mar que não tem tempo ou 'spaço,
> Vejo entre a cerração teu vulto baço
> Que torna.[13]

Importa destacar o quarto verso. O "mar", que julgávamos ser a realidade histórica dos navegadores, é agora um "mar que não tem tempo ou 'spaço", visto pelo poeta em seu próprio mundo interior ("em mim"). Com isso, a história deixa de ser o desenrolar de eventos objetivados fora do sujeito, e com os quais o poeta se identifique, para se tornar pura interioridade: introjeção da história pela dilatação do Eu.

---

[13] F. Pessoa, *Mensagem*, São Paulo, Difel, 1986, p. 54. (As citações provirão sempre dessa edição, indicando-se entre parênteses o número da página.)

Na parte III, "O Encoberto", são em número predominante as figuras, entidades ou situações referidas em terceira pessoa, quer por um Eu ("O Quinto Império", "O Encoberto", "O Bandarra", "Calma", "Antemanhã" e "Nevoeiro"), quer por um Nós ("As Ilhas Afortunadas", "Antônio Vieira", "Noite", "Tormenta"). Por isso ganham destaque os casos isolados que restam, apenas três, todos em primeira pessoa: (1) "d. Sebastião" fala por sua própria voz, no primeiro poema da primeira seção; (2) um Eu se dirige ao mesmo d. Sebastião, referido por "tu", no quinto poema da mesma seção; finalmente, (3) o poeta volta a falar explicitamente em seu próprio nome, no único poema sem título do livro todo, o terceiro da segunda secção, "Os Avisos".

Mais do que a primeira, a segunda e a terceira partes compõem um concerto a várias vozes (desencontro, harmonização difícil, diluição), que confluem ou para o mar, símbolo ancestral, catalisador da alma portuguesa, cuja definição fora ensaiada no "Brasão", ou para o profetismo sebastianista, cuja origem se confunde com a ancestralidade marítima: "futuro do passado". Nesse concerto avulta, sobre as outras, a voz do poeta, discreta mas em posição estratégica, a evidenciar que a matéria histórica não possui autonomia, não segue um rumo próprio e independente, mas depende da voz subjetiva do poeta para se articular. Portugal não *é*, em si; apenas *será*, na esteira do olhar visionário que o fixe em palavras e lhe atribua um sentido que só se sabe já era seu, depois que a linguagem poética o mostre, como em *Mensagem*.

3

Entendida a organização geral do livro, bem como alguns dos seus sentidos possíveis e imediatos (uma interpretação canônica da história de Portugal, outra esotérica, uma visão subjetivada), podemos agora aproximar-nos das suas conotações menos ostensivas.

De início, sobretudo na parte I, temos a idéia reiterada da inconsciência e/ou da involuntariedade do herói, falso agente da história. Logo de início, ficamos sabendo que Viriato é apenas "instinto"; logo em seguida, em relação a d. Henrique, o texto assevera, explicitamente:

> Todo começo é involuntário.
> Deus é o agente,
> O herói a si assiste, vário
> E inconsciente. (p. 15)

O adjetivo "vário", aliás, qualificativo do herói, não seria uma sutil alusão ao desdobramento heteronímico do próprio poeta? Mas deixemos para mais adiante esse tipo de especulação. Prosseguindo no encalço da caracterização do herói, o poeta nos afiança que d. Tareja, aquela que "amamentou / Com bruta e natural certeza", é outra vez "instinto"; d. Dinis ignora que é "plantador de naus a haver"; d. João é "Mestre, sem o saber, do Templo / Que Portugal foi feito ser"; na abertura do "Mar Português", temos: "Deus quer, o homem sonha, a obra nasce"; e no derradeiro poema, "Nevoeiro", a idéia ganha a sua forma mais abstrata e generalizada:

> Ninguém sabe que coisa quer.
> Ninguém conhece que alma tem. (p. 82)

Por trás da concepção corrente da história de Portugal, visível na face exterior do poema, uma outra se insinua, segundo a qual a sucessão dos eventos, por grandiosos que sejam, assim como os heróis que aparentemente os deflagram, não passam de *indícios* superficiais de uma Vontade transcendente, quase sempre designada no texto pela palavra "Deus", metáfora da superação do homem por si mesmo: "Deus é o agente", "Deus faz", "Deus quer". Podemos ver aí uma concepção mística ou sobrenaturalista da história, que insiste em sublinhar a pequenez e a limitação do ser humano, condição que não se restringe aos heróis, figuras destacadas no desenho emblemático do brasão, mas se estende a toda a humanidade. O que se lê em *Mensagem* é a história de Portugal como exemplo de toda a história humana – um tortuoso e enigmático desfilar de gestos e atos cegos, no encalço de uma transcendência tanto mais ansiada quanto mais inatingível. Aquilo que se vê e se sabe, da história, não passa de aparência e equívoco, espuma de superfície; seu sentido verdadeiro é indevassável, porque remonta à sua origem mítica, "o nada que é tudo".

Misticismo, sobrenaturalismo ou simplesmente: metafísica. A história é o âmbito do passageiro, do perecível; ser é devir, e deixar de ser, figurando um movimento incessante de chegada à vida, instante fugaz que coincide, já, com a morte. A origem, fonte de tudo, para que continue a ser *origem*, não pode chegar a ser; sendo, paradoxalmente deixa de ser, pois que se transforma em história, negação da potencialidade ilimitada:

Assim a lenda se escorre
A entrar na realidade,
E a fecundá-la decorre.
Em baixo, a vida, metade
De nada, morre. (p. 13)

Por isso, na esteira do paradoxo inaugural, "O mito é o nada que é tudo", Ulisses é definido como aquele que, não sendo, é:

Este, que aqui aportou,
Foi por não ser existindo.
Sem existir nos bastou.
Por não ter vindo foi vindo
E nos criou. (p. 13)

"Ulisses", o primeiro castelo, trata pois das relações entre mito e história, fixando a prevalência daquele sobre esta. O núcleo antitético da concepção aí registrada encontra no paradoxo a sua mais precisa forma de expressão. Não se trata de opção entre pólos excludentes – mito *ou* história, ser *ou* não-ser – mas da confluência e coexistência desses mesmos pólos, para além de qualquer entendimento lógico: mito *e* história, ser *e* não-ser, conjugados. Não é de estranhar, pois, que tal núcleo ressurja ao longo do livro, sob as mais variadas formas. O paradoxo é, sem dúvida, um dos expedientes retóricos fundamentais da *Mensagem* (de toda a poesia pessoana, aliás) e funciona ou como foco gerador de determinados poemas, ou como fecho, recolha, parcial ou total, de vários outros.

Paralelamente à reiteração de cláusulas paradoxais, de teor axiomático, a linguagem predominante na obra tende sempre à máxima concisão possível (versos curtos, orações breves, períodos pouco desenvolvidos, condensação sintática), como se o discurso pretendesse apenas enunciar, atomizadamente, uns poucos mas muito compactos indícios do pensamento que aí se expressa, sem desdobrá-lo, sem explicitar-lhe os subentendidos. Essa concentração de carga ideativa gera sucessivos e sempre multiplicados interstícios, onde se alojam insinuações e sugestões, como aquela Vontade transcendente, apenas entrevista, por inferência, nos gestos involuntários praticados pelos heróis. Vê-se, por aí, que a concisão lapidar da linguagem encontra no paradoxo a sua expressão máxima e faz que o discurso progrida mais pela proliferação de analogias do que pelo encadeamento de nexos causais. Da mesma forma como o brasão de armas se articula analogicamente aos poemas a ele referidos, assim também a vasta rede de palavras, inscrita no espaço em branco das páginas, se articula à concepção mística ou sobrenaturalista da história, que *Mensagem* busca transmitir. A exemplo da limitação do ser humano em relação aos desígnios da história, a própria linguagem é também limitada; instrumento precário, incapaz de *dizer* a realidade, pode quando muito sugeri-la, através de imagens e analogias.

No que se refere às limitações do ser humano, *Mensagem* repõe em circulação um antigo *topos* do Velho Testamento: o homem é um ser imperfeito, ainda que criado a partir da Perfeição; no entanto, pode sonhar livremente os ideais mais elevados, embora os saiba irrealizáveis. O homem, enfim, é o ser que almeja o impossível, não obstante conheça, de certeza segura, que jamais o atingirá. Esta é a imagem fáustica da condição humana, emblematizada em *Mensagem*, imagem para a qual convergem todos os paradoxos do poema. Quanto a isso, Pessoa radicaliza: ou bem o homem se resigna à sua condição de ser limitado, aceita a impossibilidade de ultrapassar as fronteiras que lhe cerceiam as aspirações, e se acomoda ("Triste de quem é feliz", "Ai dos felizes, porque são só o que passa"), ou bem se insurge contra isso e insiste em ir sempre além de si mesmo, seguindo um impulso obstinado de superação, a "febre de Além", que não conhece limite e se sabe condenada ao malogro: "Ser descontente é ser homem".

No primeiro caso, a razão e o bom senso, a fidelidade ao real imediato e o desejo de autopreservação fazem a satisfação vulgar do homem *contente*, esse a quem "basta / O bastante de lhe bastar". A vida vivida por esse homem não é senão "metade de nada", vegetar monótono, inglório e inútil, uma vida que equivale a "sepultura", embora ele o ignore. No segundo caso, a irracionalidade e o desejo irrefreável de aventura fazem do homem um ser híbrido, metade humano, metade divino, como os heróis antigos: enquanto sua metade humana definha e morre, a metade divina move horizontes e impele a história. Ousadia, audácia, temeridade ou... loucura. Pessoa não hesita em dar à sua idéia de herói, ou à sua idéia de homem verdadeiramente humano, a designação apropriada: *loucura*. Sem ela, pergunta d. Sebastião, "que é o homem / Mais que a besta sadia, / Cadáver adiado que procria?"[14]

A realidade histórica do homem contente não tem como reproduzir, no plano material, a verdade ou a plenitude espiritual, que está muito além das limitações da condição humana. A história, originada do mito, ficará sempre aquém de suas potencialidades de origem. O mito é o embrião da história,

---

[14] Note-se que esses versos, dos mais agudos e marcantes de toda a poesia pessoana, reaparecem com pequenas variações em outras passagens da obra. A idéia ganhou sua primeira forma num panfleto de 1923, a propósito de Raul Leal: "Loucos são os heróis, loucos são os santos, loucos são os gênios, sem os quais a Humanidade é uma mera espécie animal, cadáveres adiados que procriam". (F. Pessoa, *Textos de Crítica e Intervenção*, Lisboa. Ática. 1980, pp. 239-240.)

mas, ao acontecer, esta não faz senão abortar, concretizando sempre menos do que poderia concretizar, não obstante algo da potencialidade embrionária permaneça, latente, nos interstícios dos acontecimentos, fazendo que se perpetue a aspiração utópica à sua plena realização, nos anseios ou na "loucura" do herói. Para o poeta, a vontade de superação é que distingue o herói do homem comum, ou o homem verdadeiro do simulacro de homem.

As estrofes de abertura do poema "O Quinto Império" o dizem com clareza:

> Triste de quem vive em casa,
> Contente com o seu lar,
> Sem que um sonho, no erguer de asa,
> Faça até mais rubra a brasa
> Da lareira a abandonar!
>
> Triste de quem é feliz!
> Vive porque a vida dura.
> Nada na alma lhe diz
> Mais que a lição da raiz –
> Ter por vida a sepultura. (p. 64)

Receoso de perder a "metade de nada" que tenha conquistado, o homem satisfeito se recusa a abandonar a "lareira", o calor e a proteção do lar. Já o homem insatisfeito deixa-se guiar pela irracionalidade e pelo desejo irrefreável de aventura, em busca do inatingível. Loucura, febre de Além... As designações variam, mas a substância é a mesma: o homem descontente obedece a um impulso irrefreável, que vem de dentro. Não se trata de alguma força sobrenatural, externa, que o mova nessa ou naquela direção, às vezes com o nome "Deus" ou equivalente, como pode parecer à primeira vista; o que o move é uma energia interior, originada de sua alma pessoal, à sua revelia. É essa energia, sinônimo de loucura, que leva Diogo Cão a afirmar que "A alma é divina e a obra é imperfeita", para mais adiante concluir: "O mar com fim será grego ou romano; / O mar sem fim é português".

É esta, enfim, a idéia que *Mensagem* faz do herói, o homem verdadeiramente humano: um ser insatisfeito; mais do que insatisfeito, insaciável e obstinado ("bicho da terra tão vil e pequeno", no dizer camoniano), mas que ama saber-se dotado de uma alma que lhe é superior, por sua origem divina, e graças a cujos apelos imperiosos caminha no encalço da transcendência. Por isso, volta a perguntar o mesmo d. Sebastião, já agora como o primeiro dos "Símbolos":

> Que importa o areal e a morte e a desventura
> Se com Deus me guardei?
> É O que eu me sonhei que eterno dura,
> É Esse que regressarei. (p. 63)

Na raiz do impulso visionário, que leva à "loucura'" ou a atitudes semelhantes, fica sempre a referência ao Eu interior, ou à "alma", signo da hibridez humana, a acenar com a utopia da superação absoluta. D. Fernando, "Infante de Portugal", designa esse impulso por "febre de Além, que [o] consome"; para Diogo Cão, "o que [lhe] há na alma / E faz a febre em [si] de navegar / Só encontrará de Deus na eterna calma / O porto sempre por achar"; d. João, "Infante de Portugal", afirma que "é do português, pai de amplos mares, / Querer, poder só isto: / O inteiro mar, ou a orla vã desfeita – / O todo, ou o seu nada"; e o mesmo Diogo Cão, agora a falar por todos, declara que "o mar com fim será grego ou romano: / O mar sem fim é português".

Movida pela hibridez do herói, a história será palco de interminável luta entre contrários: glória e desgraça, apogeu e declínio, ter e perder, morte e vida, Ser e Não-ser – *bellum sine bello*, como diz a epígrafe latina da primeira parte do livro. A história será, em suma, gigantesco esforço coletivo e inconsciente, no encalço de um destino ignorado, sempre sonhado como grandioso e ardentemente procurado:

> Não sei a hora, mas sei que há a hora,
> Demore-a Deus, chame-lhe a alma embora
> Mistério. (p. 54)

É pois no rumo da universalidade que a *Mensagem* desenvolve sua especulação filosófica, especulação a que Portugal serve apenas de exemplo, embora privilegiado: os descobrimentos do século XVI, obra dos portugueses, constituem na visão pessoana o ponto máximo do esforço civilizatório empreendido pela Europa cristã. A partir daí, julga o poeta, acentua-se a decadência, que já vinha de longe. Com isso tocamos no que talvez seja o tópico mais controvertido da obra, o Sebastianismo. Fazendo eco a antiga crença lusíada, Pessoa acredita que Portugal estaria destinado, num futuro próximo, a tornar-se a sede do Quinto Império, e a abrigar o foco de regeneração de todo o mundo civilizado.

Mensagem se distingue, assim, das epopéias conhecidas, já que seu foco de interesse se localiza no futuro e não no passado. Os motivos dominantes do poema de fato remetem para a história de Portugal, tal como *Os lusíadas* – ou tal como a *Eneida*, para a história de Roma; mas ao contrário de Camões e Vergílio, que glorificam o passado nacional, e de passagem chamam a atenção para as dificuldades do presente, Pessoa se concentra obcecadamente no que está por vir, não no que já se deu. Daí o tom enigmático da maior parte dos poemas de *Mensagem*, pois que o poeta encara os acontecimentos do passado como *sinais* misteriosos que é preciso decifrar, a fim de entrever neles o futuro. Logo de início, Pessoa se refere ao "futuro do passado", menciona depois "o som presente desse mar futuro", queixa-se de que ainda "falta cumprir-se Portugal" e assim por diante. Cada poema gera um clima de magia, de presságios e adivinhações, sempre a insinuar que algo de grandioso está por acontecer.

Tal propensão se adensa na terceira parte, "O Encoberto", toda ela dedicada a d. Sebastião e ao mito sebastianista, voltando-se de forma ostensiva para as indagações e as visões proféticas. Na abertura dessa parte, d. Sebastião declara: "É O que eu me sonhei que eterno dura, / É Esse que regressarei"; mais adiante, no poema inspirado no pe. Vieira, Pessoa anuncia que já começou "a madrugada irreal do Quinto Império", e seria cansativo enumerar todas as alusões nesse sentido. Repare-se apenas na idéia-chave, exposta no poema final, "Nevoeiro". Tendo-se convencido de que Portugal atingiu o ponto máximo de sua decadência ("Tudo é incerto e derradeiro, / Tudo é disperso, nada é inteiro"), o poeta logo afirma, categórico: "É a hora!". É neste passo que a *Mensagem* atribui ao mito sebastianista um sentido peculiar.

3

A idéia do "Quinto Império", designação do destino de glória que aguarda Portugal num futuro remoto, se origina diretamente do Sebastianismo e das profecias bíblicas, especialmente as do Livro de Daniel. O sonho de um Quinto Império português – promessa antiga do sapateiro Bandarra, reforçada por Vieira e realimentada ao longo dos séculos – se manifesta invariavelmente nos momentos históricos em que é forte a sensação de crise e decadência, sensação à qual dialeticamente se mescla a exaltação patriótica, a confiança no futuro da nação: "glória" e "desgraça" indissociavelmente irmanadas, como se lê no segundo poema da *Mensagem*. Assim foi em 1580, no início do domínio espanhol, ou em 1640, quando Portugal recuperou sua autonomia política, levando o pe. Vieira a divisar, na figura de d. João IV, a reencarnação de d. Sebastião; assim tem sido ao longo da história, de tempos em tempos, como no início do século XX, com a humilhação provocada pelo "Ultimatum" inglês; o regicídio de 1908; a proclamação da República, dois anos depois; o assassínio do "Presidente-Rei" Sidônio Pais, em 1917, a quem Pessoa dedicou um longo poema esotérico e sebastianista;[15] e o movimento saudosista da "Renascença Portuguesa", liderado por Teixeira de Pascoais, através da revista *A Águia*, onde o poeta fizera a sua estréia literária, em 1912.

Nessa estréia (um ensaio sobre "A Nova Poesia portuguesa"), Pessoa afirma "que deve estar para muito breve o inevitável

---

[15] "À Memória do Presidente-Rei Sidônio Pais", in *Obra Poética*, ed. cit.. pp. 91-96.

aparecimento do poeta ou poetas supremos, desta corrente [o Saudosismo], e da nossa terra, porque fatalmente o Grande Poeta, que esse movimento gerará, deslocará para segundo plano a figura, até agora primacial, de Camões".[16] Trata-se da famosa profecia do "supra-Camões", feita por Pessoa no início da carreira, e em que a crítica tem visto a previsão algo megalômana, mas acertada, do seu próprio aparecimento como poeta. Adiante, no mesmo ensaio (datado de 1912, não custa lembrar), o jovem escritor justifica a sua profecia com argumentos que o leitor, hoje, não tem dificuldade em reconhecer como inteiramente pertinentes à *Mensagem*, que só viria a ser escrita ao longo dos anos seguintes:

> Que o mal e o pouco do presente não nos deprimam nem iludam [...]. Prepara-se em Portugal uma renascença extraordinária, um ressurgimento assombroso. [...] Desacompanhada de um raciocínio confirmativo, essa previsão pareceria um lúcido sonho de louco.
> Tenhamos fé. Tornemos essa crença, afinal, lógica, num futuro mais glorioso do que a imaginação o ousa conceber, a nossa alma e o nosso corpo, o quotidiano e o eterno de nós. Dia e noite, em pensamento e ação, em sonho e vida, esteja conosco, para que nenhuma das nossas almas falte à sua missão de hoje, de criar o supra-Portugal de amanhã.[17]

A profecia pessoana do supra-Camões parece indissociável da profecia do Quinto Império e a passagem em que a segunda se mostra com nitidez, na *Mensagem*, compreende as duas últimas estrofes do poema justamente intitulado "O Quinto Império":

E assim, passados os quatro
Tempos do ser que sonhou,

---

[16] *Textos de Crítica e Intervenção*, ed. cit., p. 22.
[17] Idem, p.23.

A terra será teatro
Do dia claro, que no atro
Da erma noite começou.
Grécia, Roma, Cristandade,
Europa – os quatro se vão
Para onde vai toda idade.
Quem vem viver a verdade
Que morreu d. Sebastião? (p. 65)

Nas profecias de Daniel, depois associadas ao Sebastianismo, os quatro grandes impérios da humanidade são Babilônia, Pérsia, Grécia e Roma. Em seguida viria o quinto império, quando d. Sebastião regressasse para governá-lo, como reencarnação de Cristo. Pessoa substitui os dois primeiros por "Cristandade" e "Europa", cujos limites, principalmente os do segundo, parecem difíceis de precisar – mas ainda aqui podemos recorrer ao próprio poeta.

No prefácio que escreveu para o livro de Augusto Ferreira Gomes, *O Quinto Império* (1934), após falar da tradição, que concebe impérios "materiais", Pessoa esclarece a sua concepção dos cinco impérios, exatamente como aparece em *Mensagem*: "Não é assim no esquema português. Este, sendo espiritual, em vez de partir, como naquela tradição, do Império material da Babilônia, parte, antes, com a civilização em que vivemos, do império espiritual da Grécia, origem do que espiritualmente somos. E, sendo esse o Primeiro Império, o Segundo é o de Roma, o Terceiro o da Cristandade, e o Quarto o da Europa – isto é, da Europa laica de depois da Renascença. Aqui o Quinto Império terá que ser outro que o inglês [Pessoa identifica a "Europa laica" ao império britânico], porque terá que ser de outra ordem. Nós o atribuímos a Portugal, para quem o esperamos."[18]

Assim, os quatro impérios que na *Mensagem* precedem a volta de d. Sebastião abrangem não a história de toda a humanidade, mas só a da assim chamada civilização ocidental-cristã. Para nossa surpresa, a visão de Fernando Pessoa, neste

---

[18] F. Pessoa, *Sobre Portugal*, ed. cit., p. 247.

ponto, é rigorosamente racional, não tem nada de mística ou visionária. Com a exclusão de Pérsia e Babilônia, o poeta sugere o óbvio: nossa civilização principia de fato com a "Grécia"; "Roma" designa não a capital da Itália moderna, mas a sede do antigo império romano, pagão; "Cristandade" nomeia a civilização que começou no século I da nossa era e foi aos poucos se espalhando pelo mundo. Quanto à "Europa", há que recuar um pouco.

O Cristianismo se caracterizou, desde o início, por uma capacidade de crescimento e expansão que as religiões primitivas, politeístas, não conheceram, e esse processo continuou, em sucessivas metamorfoses, ao longo dos séculos. Uma das épocas em que isto se deu com maior intensidade foi a das grandes navegações, durante o Renascimento, pois um dos objetivos da expansão marítima dos séculos XV e XVI, iniciada pelos portugueses e pelos espanhóis, dois povos católicos, foi justamente o de cristianizar o mundo. Acontece que, paralelamente a esse propósito elevado, a expansão marítima alimentou também objetivos bem mais prosaicos: fazer comércio, enriquecer, conquistar novos mercados, ampliar o poderio político e econômico das grandes nações, visando à dominação absoluta. Os descobrimentos foram, assim, a alavanca que impulsionou o mercantilismo, destinado a se tornar o núcleo de convergência do mundo moderno.

Esse novo império, erigido com base nas leis de mercado; esse império que começa a ser construído nos séculos XV e XVI, graças à iniciativa pioneira dos navegadores portugueses, e que tende a transformar o mundo todo num grande armazém obsessivamente devotado à economia global; esse império, já então dominado pela Inglaterra, não mais por Portugal e Espanha, é chamado em *Mensagem* de "Europa", e por isso não se confunde com o terceiro império, a "Cristandade". Esta sim é que viria a se confundir com o mercantilismo.

Na visão pessoana, o elevado propósito renascentista de cristianizar o mundo falhou porque, na altura dos grandes descobrimentos, o Cristianismo já havia perdido sua pureza de origem, já havia sido impregnado pelos propósitos dominadores das grandes nações e por isso acabou superado pela civilização mercantilista. Repare-se como, com base nesse entendimento, já faz mais sentido a enigmática descrição de uma Europa animizada, no poema de abertura do livro:

> A Europa jaz, posta nos cotovelos:
> De Oriente a Ocidente jaz, fitando,
> E toldam-lhe românticos cabelos
> Olhos gregos, lembrando.
>
> O cotovelo esquerdo é recuado;
> O direito é em ângulo disposto.
> Aquele diz Itália onde é pousado;
> Este diz Inglaterra onde, afastado,
> A mão sustenta, em que se apóia o rosto.
>
> Fita, com olhar esfíngico e fatal,
> O Ocidente, futuro do passado.
>
> O rosto com que fita é Portugal. (p. 9)

Aí estão referidos os quatro grandes impérios: Grécia ("olhos gregos"), Roma ("românticos cabelos", entendendo-se "românticos" em uma de suas acepções possíveis, como derivado de "românico", relativo a Roma), Cristandade ("Itália", porque aí se localiza a Santa Sé) e Europa ("Inglaterra", sede do poderoso império britânico, berço do mercantilismo moderno). Além do Quinto Império, é claro, o "futuro do passado". Atente-se no fato de que, se Portugal é o "rosto" da Europa, então aqueles "olhos gregos" do início do poema lhe pertencem. Pessoa insinua que, no modo português de *ver* as coisas e de encarar a realidade, conserva-se ainda a lembrança da origem grega da civilização ocidental. Submetida primeiro à Roma imperial, depois à Cristandade e finalmente à Europa mercantilista, essa origem acabou esquecida no resto do mundo, só se preservando no espírito português. Na visão idealizada do poeta, o olhar português, apesar de voltado para o mar e para o descobrimento de novas terras, não é europeu-mercantilista mas grego. Além de grego, é também genuinamente cristão, já que a alma portuguesa retém o Cristianismo autêntico, anterior à sua absorção pelo mercantilismo – como se lê nas quinas do interior do brasão.

Para o poeta, a "Cristandade" se caracterizou por ter rompido com o mundo antigo, pagão, embora se originasse deste. Teve então início uma civilização exclusivamente cristã, desvio responsável pelo desvirtuamento do autêntico Cristianismo, que o poeta considera indissociável do autêntico paganismo. O Quinto Império recolocaria as coisas no devido lugar. Nesse sentido, as remotas profecias bíblicas de Daniel, a figura histórica de d. Sebastião e o próprio Sebastianismo entrariam em *Mensagem* como meros símbolos poéticos, não devendo ser tomados ao pé da letra. A visão da história de Portugal e de toda a humanidade, aí representada metaforicamente, está mais para a antropologia cultural do que para a profecia messiânica. O Quinto Império concebido por Pessoa, em suma, pode ser entendido como regresso às origens, as origens autenticamente cristãs *e* pagãs da nossa civilização.

E como seria essa nova civilização? Como seria o "futuro do passado"? O poeta não o diz, mas dá a entender, através dos comentários a respeito dos heróis, destacados ao longo do livro. Podemos imaginar que o Quinto Império é a utopia de uma sociedade formada por homens capazes de realizar a plenitude de suas potencialidades, quer enquanto indivíduos, quer enquanto ser coletivo; uma sociedade em que o acúmulo de bens materiais deixasse de ser o ideal supremo buscado pela maioria, em que não houvesse lugar para a superstição e a ignorância, em que o conhecimento racional regesse todas as relações, em que o povo não fosse mais a massa de manobra obscurecida e fanatizada, manipulada pelas elites econômicas, políticas ou religiosas – uma sociedade, em suma, onde houvesse menos "cadáveres adiados que procriam" e mais "heróis, santos e gênios", vale dizer a exceção tornada regra.

Utopia absoluta, delírio de poeta sonhador – delírio racional, mas ainda assim delírio. E não poderia ser de outro modo. O seu Quinto Império aí está: português e europeu, grego e cristão, regional e universal. Visionário e lúcido, ao mesmo tempo. À parte isso, resta por examinar, ainda, o acentuado ingrediente esotérico, rosacruciano, de *Mensagem*.

Vários aspectos do livro pessoano, relativos tanto à sua estrutura formal quanto ao sentido obscuro de alguns poemas, guardam surpreendente afinidade com certos ensinamentos rosacrucianos. Já sabemos que a divisão tripartida da *Mensagem* sugere uma interpretação da história de Portugal em três fases: ascensão, apogeu, declínio. Por analogia com a tradição rosacruciana, podemos agora pensar nessa divisão como instantes-chave de um relato mágico-cosmogônico, para o qual a história portuguesa constituiria apenas pretexto, indícios exteriores, expressão metafórica. A doutrina rosacruz compreende, além de muitos outros temas e interesses, uma *cosmogonia*, sob a forma de especulação sobre a origem e evolução do universo. Dessa especulação seus adeptos extraem o que chamam o *plano universal*, isto é, o sentido geral da história do mundo e do homem. Destaquemos então, os aspectos que podem ser associados a *Mensagem*.

De acordo com a cosmogonia rosacruz, e à semelhança do que relata o livro do Gênesis, a harmonia primordial teria sido rompida no momento da Queda, quando cada átomo ou microcosmo perdeu sua estrutura tríplice, original, reduzindo-se à oposição dialética entre pólos contrários. Um desses pólos, a camada externa ou "alma áurica", é constituído por sete linhas de força magnética; o pólo oponente, a camada interna ou "alma-núcleo", é "repleta de vibrações fortes e contínuas" e nela se abriga a "Rosa do Coração, inativa ou adormecida".[19] Enquanto tensão dialética, sinônimo de morte, a Queda, rompe a harmonia original e promove o embate entre os contrários, mas guarda vestígios da harmonia perdida, conservados em dormência na alma-núcleo. O despertar desses

---

[19] J. van Rijckenborgh, *O mistério da vida e da morte*, trad. bras., Lectorium Rosacrucianum, s.d., p. 17.

vestígios permitiria, de acordo com o plano rosacruz, a volta à (ou a recuperação da) origem.

É evidente aí a analogia com a estrutura formal do brasão, na primeira parte do livro: os números coincidem, com precisão. De um lado, a camada externa, com suas *sete* linhas de força magnética, que coincidem com os sete castelos; de outro, a camada interna, referida ao campo das quinas. Mas voltemos ao plano universal rosacruz.

Antes da Queda, cada microcosmo existia em estado de repouso absoluto, em perfeita harmonia com o macrocosmo. Sua estrutura tríplice (três núcleos: positivo, negativo e neutro) mantinha em estabilidade a poderosa energia contida em seu interior. Perdido o pólo neutro, essa energia se desgoverna e penetra no caos: os núcleos positivo e negativo entram em vigoroso combate e a energia neles contida deixa de ser estável. Isso "despertou no caos doze correntes substanciais, doze forças ígneas, doze enormes reações em cadeia, que aparecem no espaço vazio".[20] Neste passo, é indisfarçável a analogia com a segunda parte de *Mensagem*, o "Mar português" e seus *doze* poemas dedicados aos navegadores.

Essas "doze correntes substanciais", dispersas no caos, acabam por gerar o homem, considerado "portador da imagem divina", ou seja, a imagem do macrocosmo em repouso, de antes da Queda. O homem é visto então como ponto de chegada e, ao mesmo tempo, de partida. Ponto de chegada do processo de criação do universo e ponto de partida do processo em sentido contrário, que conduzirá esse mesmo universo e o próprio homem de volta à plenitude macrocósmica original. Uma vez criado o ser humano, desponta a possibilidade da "hora da realização, a hora em que os homens poderão tornar-se semelhantes aos deuses, quando preencherem realmente a sua vocação".[21] Por analogia, a epopéia marítima dos portugueses seria responsável pela gestação não do homem primordial, mas do novo homem, destinado a alterar-se sobre o

---

[20] Idem, p. 59.
[21] Idem, p. 61.

mundo – e essa "hora da realização" há de ser associada à terceira parte de *Mensagem*, centrada em d. Sebastião, o Encoberto, tomado assim como metáfora do ser humano em vias de realização plena.

Van Rijckenborgh, o estudioso rosacruz em que nos apoiamos, prossegue dizendo que nós, humanos, somos "portadores de imagem, temos uma faculdade de raciocínio e a sentimos como susceptível de ampliação constante". Essa ampliação prosseguirá até a superação da "consciência-Eu", ou seja, a diferenciação individual, que faculta a cada homem a plena posse de si mesmo. Mas o plano universal rosacruz "não considera a consciência-Eu como fator preponderante no êxito final da obra, e, sim, como simples fase preparatória do processo". Superada essa fase, o homem conseguirá reintegrar-se ao macrocosmo, conseguirá "submergir-se em um estado de consciência que ultrapassa largamente a todos os outros estados de consciência-Eu já conhecidos".[22]

Tal idéia de "ampliação constante" se avizinha da noção de potencialidade, fundamental para nossa interpretação. Da mesma forma, a idéia da "consciência-Eu", estágio a ser superado logo depois de atingido, tem afinidade com o concerto a várias vozes, detectado na obra. O fato de *Mensagem* não contar com uma só voz narrativa, mas várias, promovendo, poema a poema, um constante diálogo entre Eu e Tu, Eu e Ele, Eu e Nós, e assim por diante, pode ser visto, nos termos do plano rosacruz, como o esforço do poeta no sentido de superar a sua "consciência-Eu", a fim de se tornar parte de uma dimensão maior, coletiva, que a ultrapasse.

Antes de prosseguir, convém assinalar que essas associações e analogias com o Rosacrucianismo não alteram a interpretação anteriormente formulada, apenas registram algumas notáveis coincidências e chamam a atenção para conotações possivelmente esotéricas do texto pessoano. Por isso, até aqui, extraímos da doutrina rosacruz algumas idéias e sugestões que foram colocadas em confronto com *Mensagem*. Podemos

---

[22] Idem, p. 68

agora tentar o caminho inverso. Isso nos ajudará a compreender melhor o sentido essencial do livro de Fernando Pessoa e, quem sabe, o próprio Rosacrucianismo.

O plano universal rosacruz fala de um estágio atual em que o homem, ser imperfeito, condenado à morte, luta por evoluir na direção de um estágio superior, de pureza e perfeição. Seus adeptos, então, ao que parece, atuam na expectativa e na esperança dessa promessa de vida plena, que viria redimi-los da provação presente. Temos aí, portanto, um claro ingrediente salvacionista ou messiânico, semelhante ao do Sebastianismo: a promessa de felicidade, a ser cumprida caso o homem passe pela dura prova à qual vem sendo submetido.

Segundo a primitiva crença sebastianista, a realização dessa promessa aconteceria de cima para baixo, ou de fora para dentro, por obra do sobrenatural: d. Sebastião regressaria, do além, para conceder felicidade plena e vida eterna a seus fiéis. Vimos que, para Fernando Pessoa, não é bem assim. D. Sebastião, para o poeta, é só uma metáfora. A evolução para esse estágio superior acontecerá de baixo para cima ou de dentro para fora. Esse estágio (associado ao mito, ao divino ou ao sobrenatural, apenas por analogia) não estaria do lado de lá, mas dentro de cada um, latente, adormecido. Outra vez voltamos à idéia básica da potencialidade e da "loucura" como móvel da história. Assim será, também, no plano rosacruz.

Segundo Van Rijckenborgh, os homens, "poderão tornar-se semelhantes aos deuses", pelo aperfeiçoamento constante da sua "faculdade de raciocínio", vale dizer pelo aperfeiçoamento de sua "alma-núcleo", onde se abriga a "Rosa do Coração, inativa ou adormecida". Símbolo-chave do rosacrucianismo, a "rosa" designa a essência do ser, enquanto a "cruz" e o "coração" remetem para a figura de Cristo. Mas esse conjunto de símbolos, não é demais repetir, representa metaforicamente as potencialidades do ser humano, aquilo que está contido no próprio homem, à espera de se desenvolver. Trata-se portanto de símbolos esotéricos e não de referências nominais a qualquer religião.

De acordo com a cosmogonia rosacruz, a "consciência-eu" está predestinada a ultrapassar o estágio inferior em que se encontra, para então atingir um nível superior de consciência, em que o Eu deixará de se sentir como tal, para se tornar parte integrante da alma coletiva. Essa passagem coincidirá com a consecução do "Plano Universal", quando o radioso futuro conduzirá de volta ao passado, não o passado histórico, mas o passado perdido na distância mítica, deixando evidente que a visão rosacruciana é claramente afim da interpretação hermética do destino português, entrevista em *Mensagem*.

A idéia de que Portugal está a caminho de um destino tão glorioso quanto indefinido, é uma constante no livro, e em toda a história da Nação. O anúncio desse destino, anteclímax, coincide com o grande desastre de Alcácer-Quibir, ao mesmo tempo o anticlímax, início do fim. Por isso, o relevo de d. Sebastião, na história e no poema: de um lado, é a quinta-essência da alma portuguesa, o seu "sangue" verdadeiro;[23] de outro, é o protagonista da derrota, vítima da própria "loucura". Logo, a realização do destino glorioso de Portugal deverá necessariamente implicar a volta ao passado, a fim de que se recupere aquela grandeza mal anunciada em d. Sebastião e imediatamente perdida. O Sebastianismo, também, remete para um ponto de chegada que é um ponto de partida.

Esse ponto, na visão rosacruciana, é representado pela figura de Cristo, que derrama o seu sangue na *cruz*, para que a "rosa do coração" ou a "desconhecida alma latente", adormecida na alma-núcleo, venha/volte à tona. Por isso, na *Mensagem*, o quinto e último dos Símbolos, "O Encoberto", lida justamente com esses emblemas esotéricos, a "cruz" e a "rosa":

> Que símbolo fecundo
> Vem na aurora ansiosa?
> Na Cruz Morta do Mundo
> A Vida. que é a Rosa.

---

[23] As quinas representam, como já foi observado, a alma portuguesa: são em número de cinco e dispõem-se em forma de cruz. De acordo com a concepção rosacruciana, a alma é dotada de cinco "fluidos" e o quinto deles, que justamente corresponde a d. Sebastião, é o "sangue".

> Que símbolo divino
> Traz o dia já visto?
> Na Cruz, que é o Destino,
> A Rosa, que é o Cristo.
>
> Que símbolo final
> Mostra o sol já desperto?
> Na Cruz morta e fatal
> A Rosa do Encoberto. (p. 68)

Desse modo, a associação entre d. Sebastião e a figura de Cristo, em *Mensagem*, não provém apenas do messianismo, de remotas raízes judaicas, logo incorporadas ao mito sebastianista, sobretudo através da pregação e da obra profética do pe. Antônio Vieira, mas parece guardar também fortes vínculos com o hermetismo rosacruciano, no que diz respeito ao nascimento do novo homem ou ao novo renascimento.

Para Fernando Pessoa, o sinal indiscutível ("[Deus] dedit nobis signum") de que esse novo renascimento se avizinha é dado pela certeza de que a Europa – isto é, toda a civilização moderna, e não só Portugal – atingiu o máximo de decadência a que podia chegar:

> Ninguém sabe que coisa quer.
> Ninguém conhece que alma tem,
> Nem o que é mal nem o que é bem.
> (Que ânsia distante perto chora?)
> Tudo é incerto e derradeiro.
> Tudo é disperso, nada é inteiro.
> Portugal, hoje és nevoeiro...
> É a hora! (p. 82)

Mensagem, assim, está longe de ser um poema épico na acepção convencional. Exaltação e orgulho patrióticos, valorização dos feitos nacionais e propósitos congêneres só podem ser detectados na superfície enganadora dos seus versos, cuja ênfase recai, como a análise mostrou, na decadência e não numa suposta grandeza já obtida. A verdadeira glória de Portugal, conforme cantada pelo poeta, não está no que a Nação realizou, mas no que fica por realizar: "Nós, Portugal, o poder ser". O "nacionalismo místico" e o "sebastianismo racional" de Fernando Pessoa levam-no a divisar no futuro e na Utopia, e não no passado, a grandeza de Portugal. Assim, o esoterismo, de que examinamos apenas a vertente rosacruz, e o Sebastianismo, ligeiramente esboçado, não constituem meros elementos ornamentais do livro, mas integram a sua estrutura interna, quer enquanto componentes essenciais de uma concepção profética e messiânica, quer enquanto fonte de imagens e metáforas, que se articulam harmoniosamente àquelas oriundas do brasão português, e outras, para compor essa intrigante e esplêndida rede de símbolos que é o poema. Mais do que uma obra de cunho patriótico (só uma leitura superficial e interesseira poderia reduzi-la a isso), *Mensagem* é um poema exemplarmente universalista, centrado na idéia-motriz da condição humana como virtualidade essencial, como potencialidade ilimitada. O que lemos aí, enfim, é a generosa visão heróica, ou épica, do homem moderno, que obstinadamente se recusa à acomodação e sacrifica a própria vida (como o fez o próprio Pessoa: "Não conto gozar a minha vida; nem em gozá-la penso"), pelo sonho utópico de uma Fraternidade Universal.

Engenheiro naval

Inédito, origem do *Roteiro de Leitura: Álvaro de Campos*, 1995.

1

Convido o leitor a desentranhar comigo, do recesso dos poemas de Álvaro de Campos, o retrato do engenheiro naval, personagem de ficção, ali escondido. Comecemos por assinalar que, a exemplo dos demais heterônimos, Campos não escreveu nenhum livro, deixou só grande quantidade de composições isoladas, mais tarde reunidas em volume, de acordo com as diferentes interpretações e preferências dos editores. Como era de esperar, esse conjunto de poemas não possui uma organização interna que lhe confira unidade, sendo como é uma sucessão heterogênea de peças avulsas – "partes sem um todo", como diria Alberto Caeiro. Temos aí, de saída, um evidente indício de modernidade: formas e estruturas heterogêneas, dispersas e fragmentárias, que podem ser entendidas como metáfora da vida moderna.

Além disso, a noção de "partes sem um todo" pode aplicar-se também, em mais de um caso, a poemas isolados de Álvaro de Campos. Várias composições suas foram deixadas incompletas, sendo constituídas por trechos que se interrompem (às vezes falta uma palavra aqui, outra ali; às vezes temos a impressão de que faltam versos inteiros), para serem retomados mais adiante. Há também o caso de certas passagens reutilizadas em mais de um poema, com pequenas variações.

Nada disso, porém, chega a ser obstáculo intransponível. Além de funcionarem como representação metafórica da vida moderna, fragmentária e desordenada como as formas e estruturas utilizadas pelo poeta, as "partes sem um todo" de sua poesia funcionam também como um estímulo a mais para insistirmos em compreendê-la. Proponho que iniciemos nosso esforço de compreensão pelos aspectos formais, deixando para uma segunda etapa os temas e os significados possíveis.

2

O levantamento preliminar dos recursos de linguagem e dos expedientes versificatórios utilizados por Álvaro de Campos revela a predominância do poema longo (alguns longuíssimos, como a "Ode marítima", com nada menos que 904 versos), de estrofação e metrificação irregulares. Quer pela extensão, quer pela irregularidade, quer por determinadas características de estilo, esses poemas contêm um ritmo acelerado, espécie de delírio verbal, como se aí as palavras fluíssem em desabalada carreira, movidas pela pressa de chegar ao final, em dinamismo incontrolável.

Esse ritmo acelerado parece corresponder à aspiração máxima do poeta, conforme ele o declara na "Ode triunfal": "Ah, poder exprimir-me todo como um motor se exprime!". Mas Campos escreve também, embora em menor escala, poemas que se caracterizam pela uniformidade e pela simetria, no geral breves, de estrofação regular, alguns até rimados e metrificados. O ritmo aqui é outro, cadenciado e previsível, já que se baseia no princípio da repetição: determinado padrão melódico é fixado na estrofe inicial (número de versos, extensão dos versos, rimas), e esse padrão se repete, sem surpresas, até o final da composição. Já o ritmo acelerado dos poemas longos, ao contrário, baseia-se na ausência de um padrão fixo e na constante variação de fraseados melódicos. Tudo aí é surpresa e imprevisibilidade. Enquanto a metrificação regular se prende a normas preestabelecidas, que limitam e ordenam a inspiração do poeta, a irregular, por sua vez, despreza as normas, dá livre curso à liberdade criadora e deixa a inspiração fluir, sem entraves e em aparente desordem.

O ritmo predominante, claro está, é mais moderno e sintoniza com as inovações introduzidas pelas vanguardas no século XX, cujo objetivo primordial era conceder ao poeta a máxima liberdade de criação. Já o ritmo cadenciado e regular das composições breves constitui um remanescente da poética tradicional, uma concessão às formas convencionais, como é o caso do "Opiário", por exemplo, onde prevalece o recurso à uniformidade, à regularidade, à simetria e à repetição de um padrão melódico. Comparem-se essas características com a música nervosa e rebelde de passagens como esta, da "Ode marítima":

> Chamam por mim as águas,
> Chamam por mim os mares.
> Chamam por mim, levantando uma voz corpórea, os longes,
> As épocas marítimas todas sentidas no passado, a chamar.
> Tu, marinheiro inglês, Jim Barns meu amigo, foste tu
> Que me ensinaste esse grito antiqüíssimo, inglês,
> Que tão venenosamente resume
> Para as almas complexas como a minha
> O chamamento confuso das águas,
> A voz inédita e implícita de todas as cousas do mar,
> Dos naufrágios, das viagens longínquas, das travessias
>   [perigosas.
> Esse teu grito inglês, tornado universal no meu sangue,
> Sem feitio de grito, sem forma humana nem voz,
> Esse grito tremendo que parece soar
> De dentro duma caverna cuja abóbada é o céu
> E parece narrar todas as sinistras cousas
> Que podem acontecer no Longe, no Mar, pela Noite...[1]

---

[1] *Poemas de Álvaro de Campos*. Edição crítica de Fernando Pessoa, série menor. Lisboa, Imprensa Nacional / Casa da Moeda, 1992, p. 52. Todas as citações de Álvaro de Campos provêm desta edição, assinalando-se entre parênteses, após a citação, o número da página.

O ritmo simétrico e regular, próprio das formas fixas da poesia clássica, é em princípio monocórdio, tendo sido por isso rejeitado pela vanguarda do início do século. Natural pois que aparecesse nas primeiras composições de Álvaro de Campos, antes de sua adesão ao modernismo. Acontece que mesmo depois dessa adesão, Campos volta e meia reincide nas formas fixas, voltando a praticar, com ironia, os ritmos tradicionais, como neste soneto, "Regresso ao lar", datado de 1935, ano da morte do poeta:

> Há quanto tempo não escrevo um soneto
> Mas não importa: escrevo este agora.
> Sonetos são infância, e, nesta hora,
> A minha infância é só um ponto preto,
>
> Que num imóbil e fatal trajeto
> Do comboio que sou me deita fora.
> E o soneto é como alguém que mora
> Há dois dias em tudo que projeto.
>
> Graças a Deus, ainda sei que há
> Catorze linhas a cumprir iguais
> Para a gente saber onde é que está...
>
> Mas onde a gente está, ou eu, não sei...
> Não quero saber mais de nada mais
> E berdamerda para o que saberei. (p. 190-191)

A utilização desses dois ritmos apenas em parte corresponde a fases, isto é, uma fase acadêmica, bem comportada, e em seguida uma fase moderna, dominante, em que o poeta abandonasse de vez os modelos formais impostos pela tradição. A recorrência a versos e estrofes bem medidos, *depois da adoção do verso livre*, sugere que se trata de duas tendências, alternadas e concorrentes: ordem x desordem, contenção x distensão, submissão x rebeldia, e assim por diante. O segundo pólo tem larga predominância, mas não elimina a manifestação do primeiro. Quanto a este aspecto, a poesia de Campos é evidentemente moderna, mas não esconde, aqui e ali, uma ponta de nostalgia da tradição.

Um dos mais fortes atrativos dessa poesia é seu coloquialismo. À medida que o vamos lendo, deixamo-nos impregnar por forte impressão de espontaneidade, como a que se experimenta diante de confissões íntimas ou de um diário. A grande constante, fio condutor dos poemas, é o próprio Eu do poeta, que se expõe, aparentemente sem inibição, registrando os mais variados estados de espírito – da exaltação ao tédio, da indignação ao humor, do enternecimento ao delírio, e assim por diante –, sempre como quem *fala*, não como quem *escreve*. Campos disfarça bem o fato de estar a escrever, à procura dos termos e das soluções formais adequados, com o propósito, embora não exclusivo, de criar um artefato literário. Em vez disso, ele passa a impressão de que, antes de se preocupar com a literatura e seus artifícios de estilo, preocupa-se com a vida, com o testemunho de vida que seus versos confessionais possam conter.

Em consonância com o frescor da oralidade, o vocabulário básico dessa poesia provém da banalidade do dia-a-dia, com especial preferência pelos termos-índice de progresso e avanço tecnológico – a vida essencialmente "moderna", em suma, tal como se apresentava nos anos 20 e 30. Avanço e progresso, hoje, talvez não fascinem tanto, dado o seu predomínio irreversível, mas o espírito e a maneira de reagir ainda parecem atuais.

Veja-se, por exemplo, a massa vocabular que serve de base ao poema "Ode triunfal", aquele mesmo em que o poeta declara querer exprimir-se todo como um motor se exprime:

> lâmpadas elétricas, rodas, engrenagens, maquinismos, motores, correias de transmissão, êmbolos, volantes, automóvel, guindastes, rodas-dentadas, chumaceiras, chapas de ferro, tinta de tipografia, debulhadoras a vapor, química agrícola, manequins, anúncios elétricos, cimento armado, couraças, canhões, metralhadoras, submarinos, aeroplanos,

laboratórios, couraçados, pontes, docas flutuantes, elevadores, fornalhas, comboios, navios, tramways, funiculares, metropolitanos, ônibus, ferro, aço, alumínio, chapas de ferro ondulado, rebocadores, galerias de minas, transatlânticos, brocas, máquinas rotativas, telegrafia-sem-fios, túneis, canais, hélices... (p. 35-46)

Tal vocabulário nos põe em contato com a multiplicidade e a heterogeneidade da vida moderna. A predileção do poeta é pelo ambiente urbano e cosmopolita e o registro que ele faz da vida diária se caracteriza pela abundância de elementos concretos, objetos palpáveis. O exemplo acima o mostra, embora não mostre ainda que a atitude assumida por ele é a de quem se esforça por captar todos os desencontrados e infindáveis estímulos com que a agitada vida cotidiana bombardeia a sensibilidade de cada um. Cada poema seu é uma tentativa nessa direção e Campos não parece preocupado em selecionar ou hierarquizar esses estímulos, nem em dirigir a sensibilidade para este ou aquele aspecto em particular. Seu lema é "sentir tudo de todas as maneiras".

Mas a visão do poeta não se restringe ao progresso e aos avanços tecnológicos do cenário urbano, cosmopolita. Em meio a isso, são constantes as referências à natureza, ao passado e à tradição, em seus vários aspectos, a fim de os mesclar ao presente. Ao contrário dos futuristas ortodoxos, seus contemporâneos, Campos não é um fanático defensor do progresso, com a decorrente condenação de todo o passado. Sua concepção da realidade presente é intrigante e paradoxal. Para ele, o presente não substitui o passado, mas acrescenta-se a este, transformando-o. O novo não supera necessariamente o antigo. Tudo quanto chegou a ser, um dia, jamais deixará de ser, por maiores que sejam os avanços da ciência e da tecnologia:

Canto, e canto o presente, e também o passado e o futuro,
Porque o presente é todo o passado e todo o futuro
E há Platão e Virgílio dentro das máquinas e das luzes elé-
[tricas

Eia todo o passado dentro do presente!
Eia todo o futuro já dentro de nós! eia! (p. 35, 41)

Ao estilo coloquial associa-se outra característica peculiar, verdadeira marca registrada de Álvaro de Campos: a extrema ousadia das imagens. São raros os poemas seus em que não surja, repentinamente, pelo menos um verso, uma expressão solta, com algum traço de originalidade, seja uma associação inesperada, uma comparação aparentemente sem propósito, uma alusão provocativa ou inusitada, um desvio sintático. Na "Ode marítima", por exemplo, para contrastar a pacatez do homem urbano com o espírito aventureiro dos piratas, ele fala do primeiro como um tipo "sem coragem para ser gente com violência e audácia,/ Com a alma como uma galinha presa por uma perna." (p. 61).

A imagem da galinha, símbolo universal e caricato de covardia e desorientação, fornece-nos o retrato perfeito da alma do homem medroso, pequeno, subserviente, sufocado pelo meio. Para compreendê-lo, é só transferir para o primeiro termo, a alma do homem medroso, as características universalmente atribuídas ao segundo. A figura já é grotesca; a galinha presa por uma perna leva a ousadia ao extremo

Comparar ou associar um dado concreto a outro abstrato constitui a base da técnica empregada pelo poeta, mas isso pode variar. Repare-se nos exemplos a seguir, colhidos mais ou menos ao acaso, onde se estampam algumas modalidades de ousadia verbal, marca registrada de Álvaro de Campos:

Nunca fiz mais do que fumar a vida. (p. 32)
O olhar humanitário dos faróis na distância da noite. (p. 68)
Orgia intelectual de sentir a vida! (p. 109)
Meu coração é um balde despejado. (p. 137)
E o meu cansaço é um barco velho que apodrece na praia
[deserta. (p. 153)
Comer o passado como pão de fome, sem tempo de man-
[teiga nos dentes! (p. 155)
Pobre da alma humana com oásis só no deserto ao lado!
[(p. 165)

Meu coração é um almirante louco. (p. 167)
Tiro da cigarreira um misticismo / Que acendo e fumo [...]
(p. 171)
Coitado dele, enfiado na poltrona da sua melancolia!
(p. 202)
Tragam-me esquecimento em travessas! (p. 248)
Sucata de alma vendida pelo peso do corpo. (p. 278)

No geral, tais expressões escondem uma espécie de chave interpretativa dos poemas em que aparecem; nelas se concentra a intenção fundamental do que o poeta pretende expressar. Tais imagens, extremamente sintéticas, resultam da concentração ou aglutinação de grande número de dados e alusões, que somos obrigados a desmembrar e reconstituir, um a um, atentamente. Se o poema todo fosse construído de ousadias dessas, provavelmente perderíamos o fôlego. Veja-se por exemplo a instigante imagem que compara, implicitamente, cigarro e misticismo: "Tiro da cigarreira um misticismo/ Que acendo e fumo".

Se o verso dissesse: "Tiro da cigarreira um *cigarro*/ Que acendo e fumo", estaríamos diante do óbvio, melancolicamente prosaico. A substituição de "cigarro" por "misticismo" esclarece o que o poeta entende seja por fumar, seja por misticismo, obrigando o leitor a transferir para cada um dos termos as conotações usualmente atribuídas ao outro. Fumar, então, passa a ser um ritual com algo de místico, e o misticismo, uma espécie de distração, ou vício, que só produz fumaça e depois se converte em cinzas.

Com efeito, a linguagem de Campos é surpreendentemente concisa, a despeito das características anotadas inicialmente. A desordem, o coloquialismo, o fragmentarismo; o largar poemas inacabados para começar outro que também fica por acabar, tudo isso faria esperar um estilo frouxo, prolixo, mas o heterônimo engenheiro nos surpreende com um extraordinário poder de síntese e concisão. Isto nos remete a outra especialidade do poeta, o paradoxo:

A minha Pátria é onde não estou. (p. 29)
São-me simpáticos os homens superiores porque são supe-
[riores,
E são-me simpáticos os homens inferiores porque são su-
[periores também. [...]
Simpatizo com alguns homens pelas suas qualidades de ca-
[ráter,
E simpatizo com outros pela sua falta dessas qualidades
[(p. 95)
Experimentei mais sensações do que todas as sensações que
[senti. (p. 97)

Ah, não estar parado nem a andar,
Não estar deitado nem de pé,
Nem acordado nem a dormir,
Nem aqui nem noutro ponto qualquer. (p. 103)
Ser sincero contra dizendo-se a cada minuto. (p. 107)
Que eu sou daqueles que sofrem sem sofrimento. [...]
Porque é sempre de nós que nos separamos quando deixa-
[mos alguém. (p. 129)

Subiste à glória pela escada abaixo.
Paradoxo? Não: a realidade. (p. 259)
Sim, está tudo certo.
Está tudo perfeitamente certo.
O pior é que está tudo errado. (p. 265)

O exame ainda que superficial de paradoxos como estes já permite uma afirmação capital: a poesia de Álvaro de Campos é eminentemente intelectualizada, no sentido de que acolhe uma dose maciça de raciocínio e reflexão sobre as múltiplas sensações que lhe servem de base. Não é uma poesia meramente descritiva de cenas e objetos, nem tampouco se limita a extravasar sentimentos e emoções. É, em larga escala, uma poesia da (e para a) inteligência, uma poesia que se dirige à "inteligência da emoção". Bem por isso, é uma poesia crivada de exclamações, índice claro da emoção forte que permeia as falas do poeta, que convive com momentos sucessivos de tensão e exaltação. Mas esses momentos alternam com (e são praticamente indissociáveis de) trechos explanativos, de teor discursivo, que visam à compreensão racional das emoções bruscas, assinaladas pelas exclamações.

Assinale-se que essa fusão de emoção e inteligência tem que ver diretamente com os paradoxos e as ambigüidades, com a extrema complexidade, enfim, do pensamento que o poeta vai expondo, mas são raros os momentos em que a linguagem de Campos ultrapassa os limites da sintaxe convencional, para se entregar, por exemplo, ao simples registro de palavras soltas, desarticuladas, ou outras formas ousadas de expressão, como gritos e onomatopéias.

Exemplo deste último caso é a já citada "Ode marítima", onde há mais de um trecho semelhante a este:

> Mas isto no mar, isto no ma-a-a-ar, isto no MA-A-A-AR!
> Eh-eh-eh-eh-eh! Eh-eh-eh-eh-eh-eh-eh! EH-EH-EH-EH-
> [EH-EH-EH!
> No MA-A-A-A-AR!
> Yeh-eh-eh-eh-eh-eh! Yeh-eh-eh-eh-eh-eh! Yéh-eh-eh-eh-
> [eh-eh-eh-eh!
> Grita tudo! tudo a gritar! ventos, vagas, barcos,
> Mares, gáveas, piratas, a minha alma, o sangue, e o ar, e o
> [ar! (p. 63)

Já aqueles momentos em que a sintaxe se desarticula, reduzindo-se a uma simples lista de palavras e expressões soltas – ou fragmentos que o poeta não quer ou não pode organizar em orações –, correspondem aos limites de tensão extrema em que a lógica convencional se mostra inoperante. É um caso bem mais complexo do que o dos gritos e onomatopéias; por isso merece ser analisado à parte.

> Rumor tráfego carroça comboio carros eu-sinto sol rua,
> Aros caixotes trólei loja rua vitrines saia olhos
> Rapidamente calhas carroças caixotes rua atravessar rua
> Passeio lojistas "perdão" rua

> Rua a passear por mim a passear pela rua por mim
> Tudo espelhos as lojas de cá dentro das lojas de lá
> A velocidade dos carros ao contrário nos espelhos oblíquos
> [das montras,
> O chão no ar o sol por baixo dos pés rua regas flores no
> [cesto rua
> O meu passado rua estremece camion rua não me recordo rua
> Eu de cabeça pra baixo no centro da minha consciência de
> [mim
> Rua sem poder encontrar uma sensação só de cada vez rua
> [(p. 101)

A impressão imediata é de imensa desordem, como se um vendaval tivesse tumultuado a ordem natural das coisas, transformando-a em caos. Nada mais parece fazer sentido. No entanto, repare-se nos dois últimos versos, em que o "centro da minha consciência", aí repentinamente aflorado, articula-se a seu pólo oposto, a "rua", obcecadamente reiterada, para compor um jogo dialético entre extremos indissociáveis: dentro x fora, a coisa para mim x a coisa em si. Um depende do outro, um se imiscui no outro, e isso impede que cada qual seja percebido como entidade autônoma, de onde o processo enumerativo, de modo que o pensamento não chega a se organizar em orações e períodos complexos.

Mas isto é exceção. Nosso engenheiro naval quase sempre respeita a boa ordem sintática. O pensamento por ele expresso, ainda que complexo e ambíguo, é quase sempre bem ordenado, sintaticamente. Por outro lado, essas poucas passagens em que se manifesta a desagregação sintática representam uma tendência comum a vários poetas do século XX. O poeta moderno não se ilude, nem ilude ao leitor, fingindo estar diante de um universo organizado e coeso; o poeta moderno sabe que muito da realidade à nossa volta é caótico e sem sentido, as coisas não se encaixam como poderiam ou deveriam encaixar-se. Daí a utilização estratégica, aqui e ali, de palavras ou frases sintaticamente desconectadas, símbolo da desordem reinante, um recurso de estilo que nos habituamos a designar por "enumeração caótica", a partir de Leo Spitzer.

Além disso, é preciso considerar também o processo enumerativo em si, ainda que não necessariamente "caótico", como uma forma de representar o caráter aberto, inconcluso, das realidades que o poeta tenta apreender, dentro e fora, como no poema intitulado "Saudação a Walt Whitman", em que Campos, ao descrever a complexa personalidade do poeta norte-americano, que ele admira, não faz senão enumerar uma série de atributos, que se multiplicam, sem chegar a um fecho, a uma conclusão:

> Tu, o que eras, tu o que vias, tu o que ouvias,
> O sujeito e o objeto, o ativo e o passivo,
> Aqui e ali, em toda a parte tu,
> Círculo fechando todas as possibilidades de sentir,
> Marco míliário de todas as cousas que podem ser,
> Deus Termo de todos os objetos que se imaginem e és tu!
> Tu Hora,
> Tu Minuto,
> Tu Segundo!
> Tu intercalado, liberto, desfraldado, ido,
> Intercalamento, libertação, ida, desfraldamento,
> Intercalador, libertador, desfraldador, remetente,
> Carimbo em todas as cartas,
> Nome em todos os endereços,
> Mercadoria entregue, devolvida, seguindo...
> Comboio de sensações a alma-quilômetros à hora,
> À hora, ao minuto, ao segundo. PUM!
> Tu, o homem-mulher-criança-natureza-máquinas!
> Tu, o pra-dentro, tu o pra-fora, tu o ao-lado de tudo!
> [(p. 77)

Os paradoxos e o processo enumerativo já nos levam a transitar das formas da expressão para as formas do conteúdo, como diz Hjelmslev. Aqui já não teremos mais procedimentos expressivos que possam ser reduzidos à simples materialidade, mas indícios fortes de sentido. Podemos então indagar dos temas e motivos mais freqüentes na poesia de Álvaro de Campos, na expectativa de que estes conduzam à apreensão de sua visão de mundo e de seu (auto-)retrato.

3

O tema predileto de Campos é seu próprio Eu, sua auto-identidade. Seus poemas parecem, todos eles, tentativas repetidas e variadas de responder à mesma pergunta, às vezes explícita, quase sempre implícita, "Quem sou eu?", permanentemente sem resposta. Não se trata de jogo retórico. Se Álvaro de Campos não responde de vez à pergunta tantas vezes formulada, é porque realmente *não sabe* quem é. O nome, a idade, a nacionalidade, a profissão, a condição de poeta e muitos outros atributos, que poderiam servir de resposta (para a imensa maioria das pessoas, serviriam), a ele não satisfazem. Movido por uma consciência indagadora e exigente, que não se satisfaz com rótulos e aparências, Campos parece estar à procura de resposta mais substancial.

Se sua preocupação maior é com o próprio Eu e se os recursos formais de que se serve são predominantemente irregulares e inconstantes, é só cruzar as duas séries de constatações. A opção por aquelas formas e estruturas não é aleatória, resulta em nos fornecer um "retrato" metafórico da personalidade do poeta. Ele sim é que é, ou se sente, fragmentado, irregular, inconstante etc., característica revelada *também* através das formas de expressão, reflexo da sua auto-imagem:

Não sei sentir, não sei ser humano, conviver
De dentro da alma triste com os homens meus irmãos na
[terra.
Não sei ser útil mesmo sentindo, ser prático, ser cotidiano,
[nítido,
Ter um lugar na vida, ter um destino entre os homens,

Ter uma obra, uma força, uma vontade, uma horta,
Uma razão para descansar, uma necessidade para me distrair,
Uma cousa vinda diretamente da natureza para mim.
[(p. 99-100)

Trechos como este, cujo teor se reproduz muitas vezes na poesia de Campos, fixam com clareza um parâmetro para a busca da identidade. Em princípio, não lhe interessa definir o que ele seja em si e para si, mas em relação aos outros. Para ele, o que conta não é o Eu-individual, mas o Eu-social: "ter um destino *entre os homens*". O poeta não manifesta, pelo menos de início, a consciência egotista e auto-suficiente de quem se considere um universo à parte; o que o move, sempre, é o desejo de sentir-se irmanado às demais criaturas, participante do todo que é a humanidade.

Mas isto não significa abdicar da individualidade (confusa, contraditória, instável, às vezes até mesmo egoísta ou auto-suficiente) para assumir um rótulo qualquer e, assim, ganhar "um lugar na vida". Aceitemos que seja isso mesmo, um lugar na vida, o que ele pretende, mas esse *lugar* deve atender a dois requisitos concomitantes: deve ser aceito e reconhecido pelos outros, enquanto lugar ocupado pelo seu Eu-social, e deve ser um lugar onde ele esteja presente, com toda a complexidade de sua vida interior, enquanto Eu-individual. Para Álvaro de Campos, a verdadeira identidade reside exatamente na conciliação entre *ser* (para si) e *aparentar ser* (para os outros), uma conciliação ansiosamente buscada, jamais atingida. Por isso ele muitas vezes se rebela contra a pressão exercida pela sociedade:

Queriam-me casado, fútil, cotidiano e tributável?
Queriam-me o contrário disto, o contrário de qualquer cou-
[sa?
Se eu fosse outra pessoa, fazia-lhes, a todos, a vontade.
Assim, como sou, tenham paciência!
Vão para o diabo sem mim,
Ou deixem-me ir sozinho para o diabo! Para que havemos
[de ir juntos?

Não me peguem no braço!
Não gosto que me peguem no braço. Quero ser sozinho, já
   [disse que sou sozinho!
Ah, que maçada quererem que eu seja de companhia!
   [(p. 126)

E aí então se revela a contraparte do desejo de conciliação: a orgulhosa afirmação da individualidade. O ideal, anteriormente assinalado, de "ter um lugar na vida, um destino entre os homens", deixa de aparecer como legítimo desejo de integração social e passa a ser sinônimo de acomodação e inautenticidade. Aí já é preferível ser sozinho... Mas repare-se no modo como ele o declara: com raiva, com exasperação. Ao mandar os outros para o diabo, deixando como única alternativa ir ele próprio, sozinho, para o diabo, fica evidente que esse desejo de isolamento é fruto da emoção descontrolada e está longe de representar uma mudança de atitude que tenha resolvido a questão da busca da identidade.

A auto-afirmação, cheia de orgulho e arrogância, não corresponde ao encontro da auto-identidade, tão procurada; é apenas reação passageira, e por isso insatisfatória, diante do dilema insolúvel da conciliação entre Eu-social e Eu-individual. Não surpreende, pois, que a auto-afirmação resvale para o seu contrário, a auto-agressão. A mesma raiva, o mesmo desprezo sem piedade, que ele lançara contra os outros, muda de alvo e passa a ser lançada contra ele próprio:

E eu, tantas vezes reles, tantas vezes porco, tantas vezes vil,
Eu tantas vezes irrespondivelmente parasita,
Indesculpavelmente sujo,
Eu, que tantas vezes não tenho tido paciência para tomar
   [banho,
Eu, que tantas vezes tenho sido ridículo, absurdo,
Que tenho enrolado os pés publicamente nos tapetes das
   [etiquetas,
Que tenho sido grotesco, mesquinho, submisso e arrogante,
Que tenho sofrido enxovalhos e calado... (p. 206)

A auto-agressão, por sua vez, não substitui nem aprimora a auto-afirmação jactanciosa, que lhe deu origem, apenas a encobre, deixando-a à sombra, prestes a ressurgir com o mesmo vigor. No fecho da longa enumeração dos seus vícios e defeitos, o poeta conclui: "Eu verifico que não tenho par nisto tudo neste mundo". Quer dizer, sua personalidade problemática de inadaptado, leva-o a se humilhar e a se flagelar, mas leva-o também, ao mesmo tempo, a sentir orgulho de si e desprezo pelos outros, num tom sarcástico que já vem denunciado no início do poema: "Nunca conheci quem tivesse levado porrada./ Todos os meus conhecidos têm sido campeões em tudo". Assim, não se trata, só, de auto-acusação. É também uma indignada denúncia da hipocrisia alheia, um libelo contra essa humanidade desumanizada, diante da qual o poeta se considera implicitamente o único homem efetivamente humano:

> Quem me dera ouvir de alguém a voz humana
> Que confessasse, não um pecado, mas uma infâmia;
> Que contasse, não uma violência, mas uma cobardia!
> Não, são todos o ideal, se os oiço e me falam.
> Quem há neste largo mundo que me confesse que uma vez
> [foi vil?
> Ó príncipes, meus irmãos!
> Arre, estou farto de semideuses!
> Onde é que há gente no mundo? (p. 206)

Álvaro de Campos vive, de um lado, a perspectiva da singularidade e afirma, com orgulho, sua diferença, sua excentricidade, aquilo que o distingue dos demais, e sabe do preço a pagar: falta de apoio, insegurança, rejeição, a sensação de ter sido excluído. De outro, vive com a mesma intensidade o desejo de comunhão com o semelhante, o desejo de sentir-se integrado ao ser coletivo, em busca de segurança e estabilidade, e sabe que isso pode representar, em última instância, a perda da identidade, a acomodação ao anonimato indiferenciado. Se fosse possível, para ele, escolher um dos lados, aí estaria a solução, pelo menos a sua solução. Mas ele não abre mão do seu lema fundamental, "sentir tudo de todas as maneiras". Só *isto* ou só *aquilo* não lhe serve. Sua ambição é a realização de todas as suas potencialidades, por mais contraditórias ou incompatíveis que sejam, acompanhada da plena integração ao ser coletivo. O tema aí implícito – outro dos seus temas obsessivos – é o da existência como *projeto* em permanente construção, isto é, a identidade individual como algo a ser conquistado, dia a dia, passo a passo, e não como dado fixo, imutável, anterior à própria experiência de vida.

O poeta nos ensina que, diante da dúvida – "Quem sou?" –, não faria sentido parar, eleger uma resposta, seja ela moral, religiosa, política, filosófica ou outra, e depois seguir a trajetória de vida com base nessa resposta, preocupando-se quando muito com os desvios que lhe comprometessem a coerência. Para ele, só o que faz sentido é, em meio à dúvida, seguir buscando, na tentativa de obter as possíveis respostas no próprio ato de viver, no curso das tentativas de concretizar as múltiplas possibilidades de vida que se escondem, latentes, em cada experiência. O risco, ele o conhece bem, é enfrentar uma série interminável de contradições e incoerências, que só fazem retroalimentar a dúvida. Álvaro de Campos, enfim, tende a não fixar nenhuma distinção entre *ser* e *poder-ser*.

A saída lógica seria dedicar-se a viver cada dia, cada momento, como se fosse uma experiência única e irrepetível, desvinculada do antes e do depois; apenas sentir e não pensar, em suma, como lhe ensinou seu mestre Caeiro. A saída oposta, embora não menos lógica, é seguir pensando, mais concentradamente ainda, na tentativa de encontrar um sentido para a existência – não um sentido isolado para cada momento, mas algo abrangente, capaz de converter a sucessão dos dias numa seqüência articulada por um firme propósito.

A primeira saída o atrai, pela promessa de alívio aí contida. Mas, por obrigar à abdicação da capacidade de refletir e julgar, ele a repele. Tal alternativa, na verdade, é só hipótese teórica, embora ocupe a atenção do poeta em vários poemas. Caso a adotasse, Campos seria obrigado a conviver com a absoluta gratuidade dos seus atos. Para ele, o objetivo primordial do ser humano não é apenas manter-se vivo, mas conferir significado à vida. No primeiro caso, a vida seria apenas algo que acontece, e o estar vivo, um perambular sem rumo nem propósito. No segundo, a vida não deixa de ser algo que acontece, mas torna-se também objeto da responsabilidade do indivíduo, disposto a assumir a condução dos seus atos, em vez de confiá-la aos instintos, à natureza, ao destino ou à sociedade. À vida como sucessão de gestos gratuitos, Álvaro de Campos contrapõe a vida como projeto, fruto de uma decisão deliberada da consciência racional.

Ao optar pela segunda saída, ele sabe que elegeu o caminho mais árduo, e sabe que não tem outra escolha. Pensar, para Campos (seria, para alguém?), não é uma ocupação à qual ele se dedique apenas eventualmente e da qual possa descartar-se quando o desejar. Para o poeta, pensar é uma espécie de fatalidade, algo que o acompanha e atormenta desde sempre, sem cessar:

> Minha inteligência tomou-se um coração cheio de pavor,
> E é com minhas idéias que tremo, com a minha consciên-
> [cia de mim,
> Com a substância essencial do meu ser abstrato
> Que sufoco de incompreensível,
> Que me esmago de ultratranscendente,
> E deste medo, desta angústia, deste perigo do ultra-ser,
> Não se pode fugir, não se pode fugir, não se pode fugir!
>
> Cárcere do Ser, não há libertação de ti?
> Cárcere de pensar, não há libertação de ti? (p. 282)

Campos experimenta, enfim, a situação do indivíduo que contestou todas as verdades estabelecidas e sabe que, a partir daí, está entregue à própria sorte, sabe que não conta mais com a segurança das verdades comuns, não conta mais com o apoio da fé ou da "providência" divina, à qual as gerações anteriores confiavam a responsabilidade pelo sentido da existência.

Essa responsabilidade não pode mais provir do além, cabendo ao próprio homem assumi-la, a partir da contingência e da precariedade da vida individual, aqui neste mundo. Caso não seja bem-sucedido no propósito de encontrar substitutos para as verdades contestadas, o indivíduo sabe que terá de se defrontar com o niilismo, o vazio, a falta de sentido para tudo, na vida.

Álvaro de Campos evidentemente não está sozinho nessa empreitada. Ao seguir essa linha de reflexão sobre o sentido da existência, ele acompanha o fluxo do pensamento mais avançado, e mais rebelde, do século XIX, que valoriza o irracional, como em Nietzsche ou Kierkegaard, e lança o embrião do que virá a ser, já no século XX, a filosofia da existência ou o existencialismo, como em Heidegger ou Sartre. Mas a idéia do *projeto existencial* Álvaro de Campos não precisou ir buscá-la em nenhum desses filósofos, pois é uma perspectiva implícita nas lições do seu mestre Caeiro, com quem ele aprendeu a desaprender.

Desaprender por desaprender, apenas para ser excêntrico, ou pelo prazer exibicionista de recusar o que o senso comum aceita ou finge aceitar? Está claro que não. Caeiro ensina que é preciso aprender a desaprender para *reaprender tudo de novo*, agora em novas bases, mais firmes, mais conscientes e mais verdadeiras. Mas antes que este segundo movimento, positivo, possa ocorrer, Álvaro de Campos depara-se com o negativo absoluto, o mundo esvaziado de sentido, reduzido a tábula rasa. A partir daí, então, é que se descortina a descomunal tarefa de reconstruir todo o universo, à procura de um novo sentido para as coisas. Cabe ao poeta lançar o seu projeto, sem que nenhuma força ou orientação superior lhe sirva de anteparo.

Por isso é tão forte, em vários poemas de Álvaro de Campos, a sensação de impotência, a sensação de que tal projeto está além de suas forças. É que as verdades antigas, contestadas pela rebeldia moderna, assentavam sobre uma base aparentemente sólida, a *crença* na existência de um ser supremo, absoluto, cuja identidade estava acima de qualquer questionamento. Mas as novas verdades, quaisquer que sejam ou venham a ser, forçosamente terão de assentar sobre a mais frágil e relativa das bases, o Eu-individual, esse Eu que só sabe questionar-se, em busca de uma identidade problemática e escorregadia. Por isso, é com um misto de ironia e desconsolo, angústia e sarcasmo, que Álvaro de Campos em vários momentos se entrega à radical negação de si mesmo:

> Não sou nada.
> Nunca serei nada.
> Não posso querer ser nada.
> À parte isso, tenho em mim todos os sonhos do mundo.
> [(p. 135)

Ao ser concretizada, porém, a autonegação imediatamente se contradiz, pois vem a ser a demonstração cabal de que ele *é* alguma coisa. Escrever "Não sou nada" equivale a admitir: sou alguém que pensa, escreve e faz afirmações a respeito. Mas é exatamente isso que ele rejeita. Campos sabe, sem dúvida, que pode ser definido de muitas maneiras, todas insatisfatórias, incompletas, e sabe também que a resposta ideal à pergunta "Quem sou?" deveria incluir, além do ser, o poder-ser: o *real* efetivamente concretizado e o *virtual* das suas potencialidades. O quarto verso acima transcrito o diz claramente: "sou alguém que tem em si todos os sonhos do mundo". Enquanto poder-ser, enquanto virtualidade e potencialidade, os sonhos são ilimitados, de modo que satisfazer-se com ser *isto* ou *aquilo* (sou poeta ou sou engenheiro naval, por exemplo) seria abdicar da maior parte desses sonhos. Melhor então assumir, com ironia, que não sou nada, para ter ao menos o consolo de continuar sonhando que sou tudo, isto é, que posso vir a ser tudo.

Álvaro de Campos tem plena consciência do beco sem saída a que o jogo cerrado de suas reflexões o conduz: angústia, aflição, sensação de emparedamento. O desespero o leva a procurar uma saída, qualquer que seja, e uma delas seria não a negação irônica, mera especulação reflexiva, mas a concreta anulação do próprio Eu.

Aí se revela a faceta mais rebelde e agressiva do poeta, aquela em que ele aposta na violência extrema, no exagero radical e no império absoluto das sensações, enquanto negação de qualquer freio moral, filosófico, religioso ou outro. Nietzsche, por quem Campos nutria grande admiração, diria que é o poeta exercendo a sua prerrogativa de se colocar *para além do bem e do mal*. Tal faceta é claro desdobramento da afirmação capital: "Tenho em mim todos os sonhos do mundo". Um desses sonhos é agredir de maneira indiscriminada tudo quanto ingresse no seu raio de visão e reduzir o universo a um amontoado de escombros. O objetivo é transformar o universo num turbilhão de energia incontrolável, com o qual, agora sim, o Eu fragmentário viria a sintonizar.

Nessa vertente, muitos dos poemas do nosso engenheiro se avizinham daquilo que os especialistas chamariam de "alucinação". O ponto de partida do poeta, como vimos, é uma intensa reflexão em busca da auto-identidade, em busca de um sentido para a existência; enredado nas contradições com que se depara, e na impossibilidade de atingir o que pretende, ele parte para o desespero extremo que é o delírio alucinatório. Se a causa fundamental do seu tormento é a consciência pensante – curiosa, indagadora e insatisfeita, mas impotente para resolver suas dúvidas –, uma saída possível seria, primeiro, encarar o universo como um turbilhão de energia descontrolada, e, segundo, reduzir sua consciência individual a sensações, apenas sensações, tornando-a parte integrante do universo exterior, com o qual se confundiria: anulação do Eu.

Repare-se no poder de comoção destes versos, em que o poeta expressa o desejo de anular o próprio Eu para confundi-lo com o mundo em redor:

> Abram-me todas as janelas!
> Arranquem-me todas as portas!
> Puxem a casa toda para cima de mim!
> Quero viver em liberdade no ar,
> Quero ter gestos fora do meu corpo,
> Quero correr como a chuva pelas paredes abaixo,
> Quero ser pisado nas estradas largas como as pedras,

Quero ir, como as cousas pesadas, para o fundo dos mares,
Com uma voluptuosidade que já está longe de mim!

Não quero fechos nas portas!
Não quero fechaduras nos cofres!
Quero intercalar-me, imiscuir-me, ser levado,
Quero que me façam pertença doída de qualquer outro,
Que me despejem dos caixotes,
Que me atirem aos mares,
Que me vão buscar a casa com fins obscenos,
Só para não estar sempre aqui sentado e quieto,
Só para não estar simplesmente escrevendo estes versos!

Não quero intervalos no mundo!
Quero a contigüidade penetrada e material dos objetos!
Quero que os corpos físicos sejam uns dos outros como as
[almas,
Não só dinamicamente, mas estaticamente também! (p.
[79]

Na "Ode marítima", manifestando desejo semelhante, o poeta invoca aos gritos os marinheiros de todos os quadrantes, de todas as épocas ("Piratas do tempo de Roma! Navegadores da Grécia!/ Fenícios! Cartagineses! Portugueses atirados de Sagres"), e implora:

Quero ir convosco, quero ir convosco,
Ao mesmo tempo com vós todos
Pra toda a parte pr'onde fostes!
Quero encontrar vossos perigos frente a frente,
Sentir na minha cara os ventos que engelharam as vossas,
Cuspir dos lábios o sal dos mares que beijaram os vossos,
Ter braços na vossa faina, partilhar das vossas tormentas,
Chegar como vós, enfim, a extraordinários portos!
Fugir convosco à civilização!
Perder convosco a noção da moral!

Sentir mudar-se no longe a minha humanidade!
Beber convosco em mares do sul
Novas selvagerias, novas balbúrdias da alma,
Novos fogos centrais no meu vulcânico espírito!
Ir convosco, despir de mim – ah! põe-te daqui pra fora! –
O meu traje de civilizado, a minha brandura de ações,
Meu medo inato das cadeias,
Minha pacífica vida,
A minha vida sentada, estática, regrada e revista! (p. 55)

O que atrás chamamos de "delírio alucinatório" está longe de ser gratuito, pois decorre de um propósito consciente, claramente expresso: "Fugir convosco à civilização!/ Perder convosco a noção de moral!". Trata-se de uma atitude de rebeldia extrema e não de mera insatisfação pessoal. Repare-se também na acumulação de formas pejorativas com que ele qualifica a vida inferior que a civilização opressora o força a viver: "sentada, estática, regrada e revista". É dessa repressão que ele quer libertar-se; alimenta-o, ainda, a esperança de que, caso o consiga, toda a humanidade o seguirá.

Nesse diapasão, Campos se aproxima do ideal exposto por Marinetti no primeiro manifesto futurista, de 1909: "Coragem, audácia e revolta serão os elementos essenciais da nossa poesia... O poeta deve consumir-se com ardor, esplendor e generosidade, para expandir o entusiástico fervor dos elementos primordiais. Fora da luta e da violência, não há mais beleza. Nenhuma obra sem um caráter agressivo pode ser uma obra-prima. A poesia deve ser concebida como um violento ataque às forças desconhecidas, para derrotá-las e submetê-las ao homem".[2]

Mas é na "Passagem das horas" que o poeta atinge o limite mais contundente da expressão desse desejo, "descrevendo" o resultado da anulação do Eu, transformado em pura energia dispersa na grande energia cósmica:

---

[2] *Futurist manifestos*, org. Umbro Apollonio, trad. norte-amer., Nova Iorque, The Viking Press, 1973, p. 21.

Cavalgada panteísta de mim por dentro de todas as cousas,
Cavalgada energética por dentro de todas as energias,
Cavalgada de mim por dentro do carvão que se queima, da
[lâmpada que arde,
De todos os consumos de energia,
Cavalgada de mim ampères,
Cavalgada explosiva, explodida, como uma bomba que
[rebenta,
Cavalgada rebentando para todos os lados ao mesmo tem-
[po,
Cavalgada por cima do espaço, salto por cima do tempo,
Galga, cavalo elétron – íon –, sistema solar resumido
Por dentro da ação dos êmbolos, por fora do giro dos volan-
[tes.
Dentro dos êmbolos, tornado velocidade abstrata e louca,
Ajo a ferro e velocidade, vai-vem, loucura, raiva contida,
Atado ao rasto de todos os volantes giro assombrosas ho-
[ras,
E todo o universo range, estraleja e estropia-se em mim. (p.
[104)

Para bem entender essa atitude é preciso descontar o que aí possa existir de pose e artifício, de escândalo premeditado com o propósito de chocar e irritar o burguês acomodado – aquele da "alma como uma galinha presa por uma perna" –, o homem alheio à profunda crise de valores que começava a se alastrar pelo mundo, no início do século, e que logo culminaria nos horrores da Primeira Grande Guerra. Se a "poesia da violência", pregada por Marinetti, cumpria a função de alertar as consciências, tirando-as da letargia, podia prestar-se também ao mero exibicionismo. Não é este o caso de Álvaro de Campos, em quem a agressividade decorre de razões profundas e justificáveis, além de realizar o objetivo de alertar as consciências.

De qualquer modo, mesmo para o nosso poeta, essa é uma tendência datada: prende-se a determinado momento histórico, o da introdução das vanguardas modernistas em Portugal, no tempo da revista *Orpheu* (1915). O próprio Pessoa, assumindo certa culpa pelos eventuais excessos então praticados, fará alguns anos depois uma declaração decisiva: "Passou de mim a ambição grosseira de brilhar por brilhar, e essoutra, grosseiríssima, e de um plebeísmo artístico insuportável, de querer *épater*".[3]

Para Álvaro de Campos, essa poesia da violência corresponde a uma solução provisória para os impasses relativos à procura da auto-identidade e de um sentido para a existência, uma solução tentada na primeira fase de sua carreira, entre 1915 e 1920, aproximadamente, e abandonada daí por diante. Em seguida a esse momento de exaltação sensacionista, o poeta entrega-se ao pólo oposto: o cansaço, a desistência, o tédio, que correspondem a mais uma tentativa de libertação do "cárcere de pensar".

A saída passa a ser então a ausentação do mundo, o mergulho em si mesmo. São muitos os poemas em que Álvaro de Campos aparenta isolar-se da realidade exterior, entediado com a vida comum e as pequenas preocupações do cotidiano, para se refugiar numa sucessão interminável de divagações. Em contraste com o movimento anterior, governado pelas sensações e pela agressividade, este outro movimento, agora, é de recolhimento e lembranças. Antes, o lema era ação e energia; agora a autocontemplação busca a passividade de quem apenas observa o tênue fluxo de vida que a consciência mal detecta. Nesta outra direção, é visível a sensação de entrega e desistência, o cansaço, a perda de interesse pela vida. O único frágil vínculo que o prende às coisas é a consciência devaneante, encerrada em si mesma, a observar os lentos movimentos que percorre, numa espécie de círculo vicioso.

Se o impulso para fora, feito de agressividade e violência indiscriminada, tinha por objetivo a anulação do Eu, o impulso para dentro, embora por outro caminho, visa a atingir objetivo

---

[3] *Cartas de Fernando Pessoa a Armando Cortes-Rodrigues*, 2ª ed., Lisboa, Inquérito, 1959, p. 73.

semelhante: tédio e apatia são indícios da progressiva perda da vontade de viver. No primeiro caso, o Eu se anularia ao se confundir com a massa indiferenciada de energia universal; no segundo, a entrega à passividade absoluta levaria a uma anulação equivalente, pela cessação de todo impulso de vida:

> Não será melhor
> Não fazer nada?
> Deixar tudo ir de escantilhão pela vida abaixo
> Para um naufrágio sem água?
> Não será melhor
> Colher coisa nenhuma
> Nas roseiras sonhadas,
> E jazer quieto, a pensar no exílio dos outros,
> Nas primaveras por haver?
> Não será melhor
> Renunciar, como um rebentar de bexiga popular
> Na atmosfera das feiras,
> A tudo,
> Sim, a tudo,
> Absolutamente a tudo? (p. 177)

Este mergulho no mundo interior, porém, não é feito só de divagações e devaneios desconexos, ao sabor do acaso. O que move o poeta nesse rumo é o que podemos chamar de *obsessão retrospectiva*. Ao mergulhar fundo em si mesmo, Campos se volta principalmente para o passado, de certo modo fechando os olhos para o presente e para o futuro. É como se o "motor" tivesse sido desligado e o poeta deixasse de encarar a própria existência como presente contínuo, algo que *está a acontecer*, passando a refletir nela como algo que lhe *tem acontecido*, desde um longínquo passado. Podemos retomar aqui a questão do "projeto existencial".

A ausência de propósitos leva o poeta a encarar o futuro como incógnita absoluta: "Que sei eu do que serei, eu que não sei o que sou?" (p. 136). É então que ele ensaia um balanço do passado, do qual advêm o cansaço, a desistência e o tédio. A pergunta-chave, agora, não é mais "Quem sou?" nem "O que serei?" mas "O que tenho sido?", e o resultado do retrospecto é invariavelmente negativo. Vejamos como exemplo este poema ironicamente intitulado "Realidade":

> Sim, passava aqui freqüentemente há vinte anos...
> Nada está mudado – ou, pelo menos, não dou por isso –
> Nesta localidade da cidade...
>
> Há vinte anos!...
> O que eu era então! Ora, era outro...
> Há vinte anos, e as casas não sabem de nada...
>
> Vinte anos inúteis (e sei lá se o foram!
> Sei eu o que é útil ou inútil?)...
> Vinte anos perdidos (mas o que seria ganhá-los?)
>
> Tento reconstruir na minha imaginação
> Quem eu era e como era quando por aqui passava
> Há vinte anos...
> Não me lembro, não me posso lembrar.
> O outro que aqui passava então,
> Se existisse hoje, talvez se lembrasse...
> Há tanta personagem de romance que conheço melhor por
> [dentro
> Do que esse eu-mesmo que há vinte anos passava aqui! (p.
> [169)

A primeira razão para o balanço ser negativo é a inevitável mudança, imposta pelo tempo. O que ele *é* difere substancialmente do que *foi*, a ponto de já não se reconhecer: é o homem transformado em estranho para si mesmo. Daí decorre a sensação desconfortável de estar carregando dentro de si não só um estranho, mas um estranho irrecuperável. Como reaver o passado, como trazê-lo de volta? O poeta o reconhece, com amargura: "Não me lembro, não me posso lembrar".

E não há a quem recorrer, pois "as casas não sabem de nada", sendo que a indiferença inanimada das "casas" simboliza aí o desinteresse dos outros em relação a ele. Mas existe ainda uma razão mais forte, que se manifesta – não neste, mas em outros poemas – nos momentos em que o poeta consegue recolher do passado a lembrança não do que foi, mas do que aparentou ser. Ressurge então o dilema já antes examinado, relativo ao conflito entre Eu-individual e Eu-social, Eu verdadeiro e Eu postiço. É o que lemos nesta passagem da "Tabacaria", poema-chave para a compreensão de Álvaro de Campos:

> Fiz de mim o que não soube.
> E o que podia fazer de mim não o fiz. O dominó que vesti
> [era errado.
> Conheceram-me logo por quem não era e não desmenti, e
> [perdi-me.
> Quando quis tirar a máscara,
> Estava pegada à cara.
> Quando a tirei e me vi ao espelho,
> Já tinha envelhecido.
> Estava bêbado, já não sabia vestir o dominó que não tinha
> [tirado.
> Deitei fora a máscara e dormi no vestiário
> Como um cão tolerado pela gerência
> Por ser inofensivo
> E vou escrever esta história para provar que sou sublime.
> [(p. 138)

Em passagens como esta, Álvaro de Campos retoma um tema antiqüíssimo da literatura universal: a vida é um baile de máscaras, um teatro, onde todos aparentam ser o que não são. Por isso a referência ao "dominó" e à "máscara". A dimensão de originalidade que Álvaro de Campos introduz no tema antigo consiste em ele admitir que a "representação" pode ser involuntária, inconsciente: o homem pode aparentar o que de fato é, sem o saber. Uma coisa é a pessoa assumir determinado papel ou disfarce social, por comodismo, exibicionismo ou conveniência, ciente do que faz; outra, como no caso do poeta, é vestir esta ou aquela máscara sem se dar conta de que é uma máscara. "Fiz de mim o *que não soube*" significa: aparentei ser o que não era mas achando que o fosse; representei um papel sem saber que representava, e ainda mais era um falso papel. O que interessa ao poeta é o Eu autêntico, o rosto que se esconde por trás da máscara. Mas, e ele só se dá conta disso muito tempo depois, como procederá quem não sabia tratar-se de uma máscara, quem julgava ter exposto sempre o rosto verdadeiro?

Ao voltar-se para o que foi, Álvaro de Campos encontra ou um estranho, desconhecido e irrecuperável, ou uma ficção, simples máscara. O seu Eu autêntico ou é uma impossibilidade, eterno vir-a-ser, que nunca chegará a se concretizar, ou, caso tenha sido concretizado um dia, é algo que se tornou uma incógnita e se perdeu. Isto deixa claro o caráter negativo desse balanço retrospectivo e explica o sentimento de derrota que Campos expressa, um sentimento que dá mil voltas e desemboca sempre no mesmo lugar: *não sou nada*. Mas a amargura do sentimento é contrabalançada pelo seu oposto, o orgulho jubiloso de ser poeta: "Mas vou escrever esta história para provar que sou sublime".

Para chegar à plena anulação do Eu, o poeta precisaria renunciar a tudo, "absolutamente a tudo", e isso inclui o pensar. Mas, como estamos vendo, e já o sabíamos desde o início, *pensar* é exatamente aquela ocupação a que ele, mesmo querendo, é incapaz de renunciar. Por isso seus temas são recorrentes, vão e voltam, num constante movimento circular; dão sempre a impressão de que vão conduzir a um beco sem saída – o nada, a paralisação definitiva, a anulação de tudo –, mas ele acaba sempre por encontrar um meio de seguir adiante, como se cumprisse uma tarefa infindável, tarefa de Sísifo, que sobe e desce o rochedo, à procura de uma razão de ser para o ato que se vê compelido a praticar – o ato de viver.

4

Os passos até aqui percorridos permitem compreender o que talvez seja um dos aspectos mais intrigantes da visão de mundo de Álvaro de Campos: sua dimensão mítica. Chamemos de "mito" tudo quanto escapa às nossas categorias objetivas de espaço e tempo e aos limites da lógica convencional, para se vincular ao fantástico, ao maravilhoso, ao sobrenatural. Mito, assim, corresponderia a um estágio pré-histórico das civilizações conhecidas. Pois bem, a mentalidade moderna e racionalista de Álvaro de Campos, engenheiro naval sintonizado com os avanços do seu tempo, levaria a julgar que, para ele, mito seria apenas uma palavra vazia, fruto da ignorância e da superstição, algo desprovido de interesse para mentes realistas e bem formadas. No entanto, não é o que acontece. Com insistência, o poeta manifesta a intuição de uma realidade para além dos sentidos, uma dimensão paralela à qual sua visão racionalista não tem acesso.

Digamos que nosso poeta-engenheiro, por sua formação e por sua posição no mundo, tenha ultrapassado o estágio primitivo da crença, tenha apostado tudo no conhecimento direto e racional da realidade, mas veio a deparar-se com uma sucessão interminável de dúvidas e becos sem saída. Admitiu então que talvez fosse o caso de voltar a crer, *mas sem abrir mão da racionalidade*, e isso o enreda, outra vez, na armadilha do dilema radical. Razão e mito, nesses termos, são incompatíveis, mas ele não faz por menos: só aceitaria o mito se isso não excluísse a razão.

Nos versos que seguem, repare-se na idéia insinuante do "vasto chão supremo"; na imagem forte das "chamas explosivas buscando Deus"; e por fim na clara expressão de um "para além", o lado de lá das coisas visíveis:

Tudo o que há dentro de mim tende a voltar a ser tudo.
Tudo o que há dentro de mim tende a despejar-me no
[chão,
No vasto chão supremo que não está nem em cima nem em
[baixo

Mas sob as estrelas e os sóis, sob as almas e os corpos
Por uma oblíqua posse dos nossos sentidos intelectuais.

Sou uma chama ascendendo, mas ascendo para baixo e
[para cima,
Ascendo para todos os lados ao mesmo tempo, sou um
[globo
De chamas explosivas buscando Deus e queimando
A crosta dos meus sentidos, o muro da minha lógica,
A minha inteligência limitadora e gelada.
Sou uma grande máquina movida por grandes correias
De que só vejo a parte que pega nos meus tambores;
O resto vai para além dos astros, passa para além dos sóis,
E nunca parece chegar ao tambor donde parte... (p. 198)

Veja-se agora a entrega total e a transfiguração visionária com que o poeta descreve e invoca a Noite:

Vem, Noite antiqüíssima e idêntica,
Noite Rainha nascida destronada,
Noite igual por dentro ao silêncio, Noite
Com as estrelas lantejoulas rápidas
No teu vestido franjado de Infinito. [...]

Nossa Senhora das cousas impossíveis que procuramos em
[vão,
Dos sonhos que vêm ter conosco ao crepúsculo, à janela,
Dos propósitos que nos acariciam
Nos grandes terraços dos hotéis cosmopolitas sobre o mar,
Ao som europeu das músicas e das vozes longe e perto,
E que doem por sabermos que nunca os realizaremos.

Vem e embala-nos,
Vem e afaga-nos,
Beija-nos silenciosamente na fronte,
Tão levemente na fronte que não saibamos que nos beijam
Senão por uma diferença na alma

E um vago soluço partindo misericordiosamente
Do antiqüíssimo de nós
Onde têm raiz todas essas árvores de maravilha
Cujos frutos são os sonhos que afagamos e amamos
Porque os sabemos fora de relação com o que pode haver
[na vida. (p. 42-43)

Vários outros exemplos poderiam ser lembrados, incidindo todos sobre o mesmo ponto: a intuição de um "além", o lado de lá das coisas visíveis, uma possível dimensão mítica da realidade. A *Noite*, por exemplo, é só pretexto para que o poeta expresse o seu desejo de confiar em uma entidade absoluta, capaz de ampará-lo e dirigir-lhe os passos. Em seu lugar poderiam estar, o Mar, a Natureza ou o Infinito; ou até mesmo a Infância ou a própria Poesia, como ocorre em outros poemas. Poderia estar... Deus?

À procura do mito onde não há nada de mítico (sua imaginação é que vê o Mar, a Noite, a Infância etc. sob essa aura especial), Campos está na verdade à procura daquilo que a tradição associa à idéia de Deus, à idéia de uma Fé inabalável. A Noite, o Mar, a Natureza etc. não passam de metáforas por meio das quais o poeta se refere ao vazio deixado pela perda da crença em Deus, um vazio que ele gostaria de poder preencher com uma nova crença. Mas, e aí voltamos ao ponto de partida, a via racional por ele escolhida não admite a possibilidade da fé, não aceita a existência do absoluto e do imutável, como era a idéia de Deus da crença antiga.

Quanto a isso, o máximo que o poeta se concede é entregar-se, vez ou outra, à exaltação da Noite ou do Mar, por exemplo, que se transformam em entidades míticas, divinizadas, para além da realidade concreta. Não seria exagero ver aí a nostalgia de Deus e, ao mesmo tempo, a certeza angustiada de que não é possível voltar atrás, não é possível reconverter-se à fé perdida, pois isso o levaria a abdicar da razão:

Se eu pudesse crer num manipanso qualquer –
Júpiter, Jeová, a Humanidade –

Qualquer serviria,
Pois o que é tudo senão o que pensamos de tudo? (p. 180)

Assim se explica que Álvaro de Campos tente ver Deus (um novo Deus?) naquele turbilhão de energia descontrolada em que se transformou a civilização da técnica e da máquina, conforme ele o mostra nos poemas representativos da "poesia da violência", analisada páginas atrás:

Ó coisas todas modernas, ó minhas contemporâneas,
forma atual e próxima
Do sistema imediato do Universo!
Nova Revelação metálica e dinâmica de Deus! (p. 38)

Assim se explica também o seu desejo intermitente de voltar a um passado longínquo, à inocência da infância, por exemplo, manifestando a certeza de que a única solução para os seus problemas seria o regresso impossível a um estado de inconsciência que ele há muito perdeu e que mal sobrevive em suas lembranças, envolto em aura mítica:

Hoje, recordando o passado,
Não encontro nele senão quem não fui...
A criança inconsciente na casa que cessaria,
A criança maior e errante na casa das tias já mortas,
O adolescente inconsciente ao cuidado do primo padre tra-
[tado por tio,
O adolescente maior enviado para o estrangeiro (mania do
[tutor novo),
O jovem inconsciente estudando na Escócia, estudando na
[Escócia...
O jovem inconsciente já homem cansado de estudar na Es-
[cócia,
O homem inconsciente tão diverso e tão estúpido de de-
[pois...
Não tendo nada de comum com o que foi,
Não tendo nada de igual com o que penso,

Não tendo nada de seu com o que poderia ter sido. (p.
[162)

E aí temos um retrato possível do nosso poeta engenheiro-naval: a consciência errante do homem moderno, comprometido exclusivamente com suas próprias forças, empenhado em conhecer a fundo a realidade do seu tempo, e que assume todas as perturbadoras transformações determinadas pelo avanço e pelo progresso. Mas sobretudo o homem que não alimenta ilusões, repudia toda espécie de simulação e aparência e investe o melhor de si no elevado propósito de viver uma vida autêntica – a utopia do homem verdadeiramente humano.

Álvaro de Campos é, enfim, o engenheiro-poeta que sabe dos limites entre a vida sonhada em poesia e a vida de fato vivida:

> Meus versos são a minha impotência.
> O que não consigo, escrevo-o,
> E os ritmos diversos que faço aliviam a minha cobardia. (p.
> [212]

Mas isso não o impede de seguir sonhando:

> Essência musical dos meus versos inúteis,
> Quem me dera encontrar-te como coisa que eu fizesse,
> E não ficasse sempre defronte da Tabacaria de defronte,
> Calcando aos pés a consciência de estar existindo. (p. 138)

Se o esforço foi bem sucedido, teremos aí, pelo menos esboçado, o retrato do nosso engenheiro naval. Importaria frisar, neste fecho, que nosso poeta nunca existiu, é só personagem de ficção, um heterônimo forjado pelo poder criador de Fernando Pessoa? Sim e não. Talvez seja o caso de concluir afirmando, a propósito de Álvaro de Campos, o que ele afirma de si próprio, no poema "Realidade", transcrito páginas atrás:

> Há tanta personagem de romance que conheço melhor por
> [dentro
> Do que esse eu-mesmo que há vinte anos passava aqui!

Come chocolates, pequena

"Poesia e metapoesia: análise de um fragmento de Tabacaria",
Actas I Congresso Internacional de Estudos Pessoanos, 1978.

Uma das peças-chave de toda a poesia pessoana, o célebre poema "Tabacaria", de Álvaro de Campos, parece constituir um exemplo acabado de poesia "metafísica", um ingente e árduo esforço reflexivo, em torno do mistério e do sem-sentido da existência. À primeira leitura, passa despercebido o seu surpreendente apego à banalidade do dia-a-dia, criteriosamente assinalado ao longo de suas páginas. Ao contrário de nos encaminhar, como parece, no rumo das abstrações e das generalidades, "Tabacaria" nos põe em contato com a realidade palpável, a mesma em que tropeçamos a cada momento. Metafísica, sem dúvida, mas extraída da existência comum e não de qualquer essência pré-concebida.

Em meio à densa camada de especulação metafísica que o enforma, o poema acolhe também notações muito realistas de um cenário e de uma movimentação cênica, decisivos para a visão de mundo aí formulada. "Tabacaria", já a partir da sugestão do título (com o repertório de composição heteróclita que esse tipo de estabelecimento oferece), fala de uma rua cruzada constantemente por gente, onde se avistam lojas, passeios, carros e cães; do lado da rua correspondente ao ângulo de visão do poeta, no que se supõe seja o primeiro andar de uma casa assobradada, temos um quarto com janelas e uma cadeira; do outro lado da rua, uma tabacaria, com sua porta ao rés-do-chão. Depois de ter estado um tempo à janela, o poeta se recolhe para dentro do quarto, senta-se na cadeira, para em seguida levantar-se, retornar à janela, tornar a sentar-se e acender um cigarro; mais adiante, ele volta a observar a rua, repara no Esteves, que entra na tabacaria e logo sai: o poeta grita-lhe "Adeus", o Esteves acena e o dono da tabacaria sorri.

É notável como o "cenário" que vai sendo montado ao longo do poema vem a ser povoado, no seu terço final, a partir da invocação à pequena que come chocolates, de referências a figuras humanas que imediatamente reconhecemos como habitantes do mesmo mundo prosaico habitado por nós: a pequena dos chocolates, o mendigo, o bêbado, os ciganos, o *clown*, o Dono da Tabacaria, o Esteves... Para além da rica simbologia que cada um desses tipos esconde, e para além do sentido possível do heterogêneo conjunto por eles formado, proponho deter a atenção na figura especialíssima da pequena dos chocolates, que se nos oferece, não por acaso, "isolada" entre parênteses:

> Come chocolates, pequena;
> Come chocolates!
> Olha que não há mais metafísica no mundo senão chocolates.
> Olha que as religiões todas não ensinam mais que a confei-
> [taria.
> Come, pequena suja, come!
> Pudesse eu comer chocolates com a mesma verdade com
> [que comes!
> Mas eu penso e, ao tirar o papel de prata, que é de folha de
> [estanho,
> Deito tudo para o chão, como tenho deitado a vida.[1]

O recurso aos parênteses corresponde ao desejo de se pôr à margem, para ao menos provisoriamente interromper o rumo que o pensamento vinha trilhando desde a afirmação

---

[1] F. Pessoa, *Poesias de Álvaro de Campos*, Lisboa, Ática, 1958, p. 253.

capital, "Não sou nada", com que o poema se inicia, e assim escapar ao sufocante circuito fechado ali inscrito. Esse provisório isolamento dentro dos parênteses permite que venha à tona um impulso visível nos versos iniciais, que pede a invocação ao Outro. Enquanto logo na abertura do poema o poeta invoca as janelas, coisa inanimada, clara hesitação de quem se recusa ao diálogo mas ao mesmo tempo se revela desejoso dele, aqui o ente invocado é um ser humano, uma pequena que come chocolates. Diante da invocação às janelas, o dirigir-se a uma criança representa um passo à frente. Não obstante, a hesitação e a recusa persistem, em face da remota senão nula possibilidade de diálogo, como se verá. Tratemos de desvendar a atmosfera densa de conotações que se esconde nessa passagem da "Tabacaria".

O comer chocolates deve ser entendido, inicialmente, como *fazer*, como ação concreta, em contraste com o *pensar*, característico da postura contemplativa do poeta. Realizada pela criança, a ação ganha o sentido de prazer e jogo lúdico, e não o de interesse finalista: chocolate, para ela, é guloseima e não alimento. O ato vale, para a criança, pelo que contém em si de deleite e fruição, e não pelo que poderia representar como finalidade prática de alimento. Comer chocolates, no caso, constitui ato sem intencionalidade, sem antecedentes, e praticado sem a cogitação de suas conseqüências. Ato pleno, sem antes nem depois, o comer chocolates envolve total empenho e participação do ser que a pequena é, inteiramente entregue ao prazer da gula, submetida à atração do chocolate – mas submetendo-o também, porque o come. O chocolate, assim, naquele instante privilegiado, transforma-se no centro do universo: tudo o mais perde a vigência e a razão de ser, ou tudo o mais converge para o ato de comer chocolates. Nesse momento, o universo inteiro se reduz a chocolates, e nada mais conta. Qualquer coisa próxima do que Caeiro relata a propósito do seu menino Jesus:

> Ao anoitecer brincamos as cinco pedrinhas
> No degrau da porta de casa,

> Graves como convém a um deus e a um poeta,
> E como se cada pedra
> Fosse todo um universo
> E fosse por isso um grande perigo para ela
> Deixá-la cair no chão[2] –

e assim se configura a única forma de conceber a plenitude e a harmonia do existir: pela perfeita integração entre sujeito e realidade.

A interpelação à pequena vem logo de início carregada de ênfase exclamativa, reiterada: "Come chocolates, pequena! / Come chocolates!". Que sentido terá a exclamação? Ordem? Pedido? Desejo? Na verdade, todos a um tempo, mas um desejo, um pedido e uma ordem que o poeta dirige mais a si próprio do que à criança, pois a ela jamais será necessário que se lhe peça ou ordene comer chocolates: ela sempre o fará, tão naturalmente como respira. O poeta, sim, é que se sente incapacitado para tal, e, ao invocar a pequena, ensombrecido de melancolia e desconsolo, parece invocar a si próprio, na expectativa de que algo dentro de si, que não seja o pensamento, lhe permita comer chocolates, ou integrar-se à realidade, com o mesmo sentido de prazer e plenitude experimentado pela criança, indiferente a tudo que não seja estar a comer chocolates, profundamente compenetrada do ato que pratica, sem hesitações.

A pequena, assim, simboliza a atitude ideal, a atitude impossível, para o poeta, por ele divisada como capaz de desfazer os enigmas e mistérios do mundo. Ganha sentido, então, a transcendente ironia do comentário seguinte, quanto a não haver mais metafísica no mundo senão chocolates, um comentário que Álvaro de Campos dirige ainda à pequena mas que não ilude quanto a seu verdadeiro destinatário: ele próprio. Um comentário em que, enfim, Campos se esforça por aplicar uma das lições do seu mestre Caeiro, aquela segundo a qual "há metafísica bastante em não pensar em nada". Instigado pela ironia de a metafísica provir, ao fim de

---

[2] F. Pessoa, *Poemas de Alberto Caeiro*, 3ª ed., Lisboa, Ática, 1958, p. 35.

contas, da banalidade mais trivial, como comer chocolates, e não da gravidade solene das indagações transcendentais (mas esta oposição traduz, está claro, o ponto de vista do adulto, distorcido pelo autopoliciamento, e não o da pequena, para quem o ato, longe de ser banal, se reveste da mais profunda gravidade, justamente porque ela o ignora), o poeta prossegue com um segundo comentário, ainda introduzido pelo mesmo "olha que" do anterior. Agora a ironia devém sarcasmo, contra a artificial gravidade do adulto: "Olha que as religiões todas não ensinam mais que a confeitaria".

Desconcertantemente ambíguo, o verso ao mesmo tempo contrapõe e conjuga religião e confeitaria. De um lado, esta, enquanto mostruário de guloseimas e convite à fruição do instante – metafísica implícita –, ensina mais que aquela, que não passaria de um repositório de verdades e explicações metafísicas em si, montadas sobre a crença e o estatuto ritualístico. De outro lado, a religião é comparada à confeitaria, pela identificação da finalidade: aquela não ensina senão o que esta última ensina; suas verdades e explicações não passam, também, de mostruário de guloseimas.

Assim, na retomada da exclamação inicial, "Come, pequena suja, come!", o acréscimo do adjetivo "suja" denuncia a intromissão do adulto, através do juízo reprobativo. A possibilidade de se sujar ao comer chocolates é algo a que a criança está perfeitamente alheia; somente ao adulto poderia ocorrer tal preocupação, sintoma de um interesse voltado para além do comer chocolates, para as eventuais conseqüências do ato, e, sobretudo, para a aparência, a sujeira, indício da autocensura do Eu-social. Enquanto o adulto julga que deve comer chocolates com o cuidado de não se sujar, pois isto será recriminado pelos outros, a pequena se entrega toda à tarefa de comer e se lambuzar, indiferente ao que poderá acontecer no instante seguinte. Por isso, o comer chocolates se torna, para ela, o centro do universo, um centro que a criança encontra porque não o procura, ao passo que o adulto, por procurá-lo com avidez, irremediavelmente o dispersa no tumulto do pensamento, impedindo que o *estar* coincida com o *ser*. Para a criança, o ato de comer chocolates contém toda a sua *essentia*; para o adulto, como esta se projeta sempre para além, a *essentia*, por isso mesmo, nunca está.

Nessa utópica identificação entre ser e estar, o poeta divisa, quando não *a* verdade, ao menos uma verdade; não a verdade do "saber", como lhe ocorrera no início do poema ("Estou hoje vencido como se *soubesse* a verdade"), mas a verdade de ser: "Pudesse eu comer chocolates com a mesma verdade com que comes!". Esta outra espécie de verdade surge como algo inacessível ao poeta, pelo fato de, nele, o pensamento se interpor sempre entre seu próprio ser e o mundo, resultando em distorcer a realidade, para finalmente perdê-la:

> Mas eu penso e, ao tirar o papel de prata, que é de folha de
> [estanho,
> Deito tudo para o chão, como tenho deitado a vida.

Pensar, de início, faz que o indivíduo se prenda à aparência das coisas, como o invólucro da folha de estanho; em seguida, a aparência é superestimada e se transforma em papel de prata, fazendo que a atenção se desvie do essencial, que é o chocolate contido pela embalagem, para se deter nesta última, devidamente valorizada em metal nobre, a justificar o equívoco. Quando finalmente a consciência se dá conta de ter sido lograda, o essencial se perdeu, o chocolate foi deitado ao chão, como a vida, e o indivíduo tem nas mãos, inútil, a aparência superficial das coisas, novamente devolvida à condição irrisória de folha de estanho.

É por demais evidente, pois, a função simbólica exercida pela pequena que come chocolates. Designemos por *inocência* o símbolo aí configurado, por força da associação com a imagem da criança. Uma inocência, porém, que não se opõe a pecado, como as religiões e a moral ensinam, mas a pensamento, ressalvada a hipótese de o próprio pensamento ser entendido como pecado. Em suma, inocência como o poeta a designa, na linguagem conceptual do *Primeiro Fausto*:

> Não é o vício
> Nem a experiência que desflora a alma –
> É só o pensamento.
> Há inocência
> Em Nero mesmo e em Tibério louco
> Porque há inconsciência.
> Só pensar
> Desflora até ao íntimo do ser.
> Este perpétuo analisar de tudo,
> Este buscar de uma nudez suprema
> Raciocinada coerentemente
> É que tira a inocência verdadeira.[3]

Pensar é, então, perder a inocência, e a inocência é a única forma de se integrar ao mundo e *ser* em plenitude. Desse modo, a figura da pequena aponta, através da associação com a infância, para o paralelo que inevitavelmente se arma entre o *presente* do adulto que fala, e o seu *passado*, o da criança que foi. (Em outro poema, Campos dirá: "Comprem chocolates à criança a quem sucedi por erro".) Assim, delineia-se com clareza o caráter de monólogo interior dessa interpelação à pequena: é consigo próprio que o poeta está a falar, com aquilo que, de si, ele reconhece como irremediavelmente perdido.

Por isso, salta à vista a inversão dos gêneros: por que *pequena* e não *pequeno*? É que a forma feminina do ente invocado enfatiza a radical oposição entre o *real* do adulto e o *ideal* por ele almejado, o seu contrário, a absoluta impossibilidade de deixar de ser o que é, de tornar-se "outro": *animus* contraposto a *anima*, índice de uma cisão interior, inconciliável, tal como, no "drama estático" assim chamado, *o marinheiro* representa para as donzelas que o sonham o seu oposto inatingível. A mesma radical impossibilidade que o Pessoa ortônimo divisa na "pobre ceifeira":

---

[3] F. Pessoa, *Poemas dramáticos*, Lisboa, Ática, 1966, p. 110.

> Ah, poder ser tu sendo eu!
> Ter a tua alegre inconsciência,
> E a consciência disso![4]

A pequena dos chocolates, a ceifeira do ortônimo, assim como a Lídia ou a Cloe, figuras etéreas em que Ricardo Reis projeta seu anseio de ideal, são imagens que se irmanam e se identificam para integrar um dos núcleos de toda a poesia pessoana, o arquétipo da inocência, passível de assumir variadas formas, *sempre femininas*, representativas do ser em harmoniosa comunhão consigo mesmo e com o universo. Em todo caso, esse arquétipo surge como aquilo que se opõe a pensamento, não porque anteceda a este mas por constituir uma dimensão que só se libera quando cessa o pensar. Daí sua analogia com o mito ou a categoria pré-lógica, vinculada à infância, ao amor ou à inconsciência. Com efeito, essa dimensão mítica só pode ser atingida, ou vislumbrada, através do pensar, é uma dimensão que resulta de uma operação do pensamento, que, por isso mesmo, nunca poderia estar ausente. Daí a perspectiva incongruente gerada pelo processo, e o caráter utópico do ideal almejado pelo poeta, admiravelmente expresso na ambigüidade de "ter a tua alegre inconsciência *e* a consciência disso" e metaforicamente representado na figura por assim dizer andrógina do Argonauta das Sensações Verdadeiras que é o heterônimo-pastor Alberto Caeiro, o guardador de rebanhos que nunca os guardou, "mas é como se os guardasse", pois esses rebanhos não são senão os seus pensamentos.

Temos aí, então, que a pequena dos chocolates, ao primeiro relance mera notação à margem, destinada a compor e colorir o cenário esboçado na "Tabacaria", remete-nos de fato a um dos núcleos essenciais de toda a poesia pessoana.

---

[4] F. Pessoa, *Poesias*, 5ª ed., Lisboa, Ática, p. 111.

Mar sem fim

Inédito, 2000.

O mar não chega a ser um motivo dominante no conjunto da poesia de Fernando Pessoa (os heterônimos Alberto Caeiro, Ricardo Reis e Bernardo Soares, por exemplo, não lhe dão a menor importância), mas quando aparece, especialmente na *Mensagem*, do Pessoa ele-mesmo, ou na "Ode marítima", de Álvaro de Campos, aparece com uma força expressiva extraordinária, como pretendo salientar a seguir. Para abreviar etapas, proponho empreender, a partir de breve esquema, uma análise comparativa entre as imagens marítimas que se nos oferecem nos dois textos mencionados. Advirto desde já que o esquema de que partiremos é falso, como todos os esquemas, apesar de útil, como quase todos. A expectativa é que nos proporcione uma visão clara e objetiva, lógica e inteligível, sendo justamente por isso que é falso. Tratando-se de uma poesia complexa e heterogênea como a de Fernando Pessoa, convém desconfiar, sempre, das visões claras e objetivas.

O mar de *Mensagem* é o mar do patrimônio comum, emblema da coletividade, o mar que remete à antiga tradição marítima portuguesa, que tem nos descobrimentos o seu ponto de convergência, e é basicamente em redor disso que giram as referências marítimas no livro. Já o que aparece em Álvaro de Campos não é o mar da tradição histórica, associado à consciência mítica de todo um povo, mas o mar vinculado às aspirações pessoais do poeta, à sua mitologia privada, digamos.

A voz coletiva de *Mensagem* expande-se em exaltações como "Ó mar salgado, quanto do teu sal / São lágrimas de Portugal",[1] ou em assertivas sentenciosas como "O mar com fim será grego ou romano, / O mar sem fim é português".[2] Já a voz pessoal de Álvaro de Campos nos surpreende com aspirações como esta: "Todos os mares, todos os estreitos, todas as baías, todos os golfos, / Queria apertá-los ao peito, senti-los bem e morrer".[3] No primeiro caso, temos o empenho sentimental e a lamentação – "lágrimas de Portugal" – diante do que o mar representa de sofrimento, perda, vidas ceifadas; e também a sublimação épica, o orgulho de afirmar a ousadia dos heróis navegadores, em busca do infinito – "o mar sem fim é português". Já na "Ode marítima" temos o desejo ambicioso de um ego, digamos, hiperinflado, que pretende identificar-se com o mar, isto é, tornar-se do seu tamanho e assimilar-lhe a potência, mas só para "senti-lo bem e morrer". Enfim, o esquema aí está, eu prometi que seria breve. O que podemos agora é tentar compreendê-lo um pouco menos superficialmente, o que equivale a desmontá-lo. É um risco que corremos, mas acho que vale a pena.

A simbologia do mar, tanto em *Mensagem* como na "Ode marítima", radica justamente no *risco* ou nos perigos que o mar representa. O sentido simbólico fundamental nos fala do mar como transitoriedade, mutação constante, o informe absoluto: o mar simboliza aquilo que *não é*, aquilo que *está sendo* continuamente outra coisa, em dinamismo incessante. Esse sentido se opõe (eu também tinha prometido que o esquema é lógico) à estabilidade da terra firme, metáfora de segurança e proteção, em contraste com as ameaças e a insegurança do mar.

O mar, sem dúvida, atemoriza (Álvaro de Campos nos fala do "medo ancestral de se afastar e partir", ou seja, o medo

---

[1] F. Pessoa, *Mensagem*, 9ª ed., Lisboa, Ática, 1970, p. 70.
[2] Idem, p. 60.
[3] F. Pessoa, *Poesias de Álvaro de Campos*, Lisboa, Ática, 1958, p. 167.

de trocar o certo pelo incerto), mas também atrai e fascina. Atrai aquilo que no homem é o seu espírito de aventura; atrai porque é promessa de glória, conquista, poderio, a serem atingidos em terra firme, mais além. Por isso mesmo é que amedronta, podendo paralisar o homem cauteloso, excessivamente apegado à segurança da terra firme, temeroso de pôr em risco a precária segurança conquistada. Mas, nos dois casos, para os que o enfrentam e para os que se recusam a partir, o mar é sempre passagem, trânsito, intervalo; é o espaço que medeia entre a terra deixada para trás e outra terra a ser encontrada mais adiante. Quem se lança ao mar não o faz para aí permanecer indefinidamente.

Isto é o que o esquema sugere, na sua visão didática, mas isto, na verdade, é negado pelo poeta. É só prestar atenção ao verso antes citado, não o das lágrimas mas o que fala do mar sem fim. Mar sem fim... Nada mais irracional do que as implicações dessa afirmação de orgulho heróico. Mar sem fim implica o propósito de encará-lo não como passagem, mas como destino; implica a idéia de navegar não para atingir outras terras, mas para encontrar no próprio ato de navegar a sua razão de ser. Este, aliás, é um dos sentidos da frase famosa – que não é de Fernando Pessoa mas que ele ajudou a popularizar – "Navegar é preciso, viver não é preciso".

Quer se trate do mar sem fim, quer se trate da necessidade de navegar, que sobreleva a de viver, o que temos aí é um pensamento de forte conotação oriental, taoísta, segundo o qual o que importa não é o lugar ao qual o caminho possa conduzir; o que importa é estar a caminho, o Tao. O que importa é procurar e não necessariamente achar. Quem se aventura ao mar com este espírito, e não com o espírito mesquinho da conquista de terras que jazem além-mar, o faz justamente para aí permanecer, em regime de aventura sempre renovada ou em estado de êxtase, indefinidamente.

Por isso é que, ainda em *Mensagem*, o poeta afirma: "Triste de quem vive em casa, / Contente com o seu lar", ou, mais taxativamente: "Triste de quem é feliz", e conclui: "Ser descontente é ser homem".[4] Vale dizer, para Fernando Pessoa, o homem verdadeiramente humano não é o cauteloso, racional e utilitarista, paralisado pelo medo do mar ou do desconhecido; verdadeiramente humano é o homem insatisfeito, o descontente; é o homem irracional ou até "louco", disposto sempre a desenvolver a plenitude de suas potencialidades, e que jamais se satisfaz com qualquer espécie de realização. Por isso também o poeta pergunta: "Sem a loucura, que é o homem / Mais que a besta sadia, / Cadáver adiado que procria?".[5]

Com isso, temos a confirmação do previsto: nosso esquema se revela falso e desmontá-lo não exigiu nenhum esforço especial. Mas acho que não perdemos grande coisa, pois esse elogio radical da insatisfação e da irracionalidade, detectado no mar de *Mensagem*, serve como boa introdução ao mar-em-delírio, ao mar alucinado de Álvaro de Campos.

O que estou chamando de mar alucinado ou mar-em-delírio é o que aparece na "Ode marítima" – um mar que, paradoxalmente, não tem interesse em si, de certo modo não conta como tal, como mar propriamente dito, é quase como se não tivesse vigência fora da consciência do poeta. Na "Ode marítima", o mar é só metáfora, melhor, explosão de metáforas representativas da auto-imagem projetada pelo poeta. O que conta, aí, é só o ego de Álvaro de Campos, hipertrofiado ou hiperexpandido até a dimensão utópica de "mar sem fim"... Não haveria como analisar, aqui, esse poema ciclópico, nada menos que 904 versos. Vou só chamar a atenção para um ou outro aspecto que me parecem mais reveladores.

De início, merece destaque a construção do poema, nitidamente marcada pela progressão de um ritmo que começa lento e pausado, vai aos poucos se acelerando, até chegar, antes da metade, à aceleração máxima do paroxismo frenético, recorrendo inclusive ao grito inarticulado, e no trecho final volta à lentidão da abertura, para abruptamente parar – antes do último verso, aliás. De nossa parte, nem é preciso

---

[4] *Mensagem*, ed. cit., p. 82.
[5] Idem, p. 42.

esforço para chegar a este resultado: "Ode marítima" é um poema sustentado por um ritmo primeiro crescente, depois decrescente, cujas variações são assinaladas, pontualmente, pelo próprio poeta.

Logo de início, Campos declara: "Dentro de mim um volante começa a girar lentamente"; algumas estrofes depois: "Acelera-se ligeiramente o volante dentro de mim"; mais adiante: "Acelera-se cada vez mais o volante dentro de mim"; logo em seguida: "Começam a pegar bem as correias-de-transmissão na minh'alma / E a aceleração do volante sacode-me nitidamente"; depois: "Acentua-se o giro vivo do volante"; e assim vai, até os versos que dizem: "Com uma oscilação viciosa, vasta, violenta, / Do volante vivo da minha imaginação, / Rompe, por mim, assobiando, silvando, vertiginando, / O cio sombrio e sádico da estrídula vida marítima". Começa então o longo trecho que eu associei a paroxismo. Entra aí um ritmo alucinado, em que as palavras parecem jorrar, em liberdade, verdadeiro furor dionisíaco, magma verbal. Uma dezena de páginas depois: "Decresce sensivelmente a velocidade do volante", e só mais adiante o registro: "Abranda o seu giro dentro de mim o volante"; e, algumas linhas antes do verso final: "O volante dentro de mim pára".[6]

A marcação explícita desse ritmo e a reiteração da analogia com o "volante" parecem constituir a realização de um desejo enunciado em outro poema, a "Ode triunfal", onde Álvaro de Campos diz: "Ah, poder exprimir-me todo como um motor se exprime! / Ser completo como uma máquina!".[7] Engenheiro naval, formado em Glasgow, na Escócia, e tendo estagiado num estaleiro na Inglaterra, é natural que para Álvaro de Campos o cenário marítimo incorpore o que a vida moderna tem de mais característico, a parafernália industrial e tecnológica, embora não deixe de acolher também o mar ancestral dos argonautas, dos grandes navegadores do tempo

---

[6] *Poesias de Álvaro de Campos*, ed. cit., pp. 161, 165, 168, 169, 171, 172, 188, 195, 201.
[7] Idem, p. 143.

das descobertas, dos piratas etc. Parece natural, ainda, que o *Ersatz* simbolizado nesse "volante" que comanda a construção do poema seja introjetado pelo poeta, como análogo da imaginação e do poder de criação.

Mais do que isso, a analogia sugere que, para Campos, a energia da máquina não se distingue, substancialmente, das potências da natureza. Em outro poema, ele dirá: "Toda a energia é a mesma e toda a natureza é o mesmo... / A seiva da seiva das árvores é a mesma energia que mexe / As rodas da locomotiva, as rodas do elétrico, os volantes dos Diesel, / E um carro puxado a mulas ou a gasolina é puxado pela mesma coisa".[8] Por isso ele marca as modulações do seu ritmo interior pela reiteração do volante que se acelera, dentro, a fim de imaginar-se "completo como uma máquina".

A ambição interior do poeta (e o fascínio do mar, o ancestral e o pessoal, se presta bem a isso) é romper com seus limites naturais, expandir-se ao máximo e realizar a plenitude de suas potencialidades. Campos é impelido pela insatisfação radical, pelo descontentamento absoluto em relação à vida mesquinha e policiada do homem moderno, que aposta tudo, até a alma, nos prazeres do consumo e no acúmulo de bens materiais. O mar, na "Ode marítima", lhe fornece o pretexto, e as imagens fortes, para ele expressar a sua rebeldia contra a civilização cerceadora dos seus anseios e da sua liberdade.

No longo trecho em que são invocados os marinheiros de todos os mares, já na altura em que o paroxismo se instala, o poeta afirma:

> Quero ir convosco, quero ir convosco...
> Chegar como vós, enfim, a extraordinários portos!
> Fugir convosco à civilização!
> Perder convosco a noção de moral...
> Ir convosco, despir de mim – ah! põe-te daqui pra fora! –
> O meu traje de civilizado, a minha brandura de ações,
> Meu medo inato das cadeias,

---

[8] Idem, pp. 231-232.

> Minha pacífica vida,
> A minha vida sentada, estática, regrada e revista! –

para mais adiante concluir, numa espécie de remate provisório:

> O que quero é levar pra Morte
> Uma alma a transbordar de Mar.[9]

O propósito de romper com os limites naturais não tem, para ele, só o sentido abstrato da rebeldia contra a moral e a civilização. O poeta faz questão de encarar esse rompimento também no sentido corporal, expressando o desejo de se fundir fisicamente ao mar:

> Todo o meu sangue raiva por asas!
> Todo o meu corpo atira-se pra frente!
> Galgo pela minha imaginação fora em torrentes!
> Atropelo-me, rujo, precipito-me!...
> Estoiram em espuma as minhas ânsias
> E a minha carne é uma onda dando de encontro aos ro-
> [chedos![10]

Curioso é o paralelo que pode ser armado entre esse mar pessoal, do poeta rebelde e "futurista", e o mar coletivo dos navegadores antigos. Estes viam no mar a passagem para o expansionismo, o mar como obstáculo que, uma vez ultrapassado, conduziria ao conhecimento de novas terras e seu conseqüente domínio. Álvaro de Campos, também, vê no mar passagem para a expansão, mas não a geográfica e sim a do próprio Eu; o poeta moderno aposta não no conhecimento do mundo e na sua conquista, mas no autoconhecimento e na posse de si mesmo.

E aí estão, muito sinteticamente, algumas imagens do mar na poesia de Fernando Pessoa. Com isso, está definitivamente

---

[9] Idem, pp. 175, 176.
[10] Idem, p. 172.

desmontado o esquema proposto de início. Agora é só concluir, dizendo que o mar aparece na poesia de Fernando Pessoa sob vários aspectos – do individual ao coletivo, do histórico ao simbólico, do lírico ao épico, da razão à aventura e à loucura e assim por diante – mas trata-se sempre do mesmo mar, o mesmo mito ancestral, revitalizado pela ousadia renovadora do poeta moderno.

Guardador de rebanhos (II)

"Caeiro, mestre", *Indiana Journal of Hispanic Literatures*, 1996.

Fernando Pessoa tem o direito de se inserir com originalidade plena na coorte dos revolucionários da Cultura, de Schopenhauer a Nietzsche e de Nietzsche a Heidegger e Marcuse.

Eduardo Lourenço

1

Pessoa não deixou propriamente uma *obra*, mas um prodigioso aglomerado de fragmentos, esboços e rascunhos, um não acabar de projetos inacabados, e isto não parece advir de circunstâncias extrínsecas, não parece resultar de o poeta haver abdicado ou não ter tido tempo de completar o que iniciou. O inacabado integra a intimidade e é um dos vetores estrúturantes de quanto escreveu, aí incluído o que pareça terminado e completo. Todos os textos pessoanos são intrinsecamente inacabados, no sentido de que assentam sobre matéria em mutação, que ao se fixar no papel remete para fora do âmbito originariamente pretendido, em dinamismo incessante.

Se a idéia ou propósito de *fixar no papel* é decisiva para todo escritor, para Pessoa o é ainda mais. Ao tentar o registro de qualquer inquietação sua, o poeta enfrenta dilema semelhante ao do físico interessado na constituição da matéria: seus potentíssimos instrumentos alteram a estrutura íntima, essencialmente dinâmica, do objeto que ele gostaria de reter no limite unidimensional de uma lâmina ou um gráfico. É que um e outro deparam-se não com estruturas propriamente ditas, mas com estruturações, com um processo gerador de formas permanentemente em trânsito. Antes que Max Planck o insinuasse, Pessoa formulou a lei da indeterminabilidade da matéria, poética, em relação à qual não há certezas, só probabilidades. Pessoa criou a obra mutante, para que passássemos o resto da vida a tapar os buracos (negros). Se permitirmos que sua poesia continue a vogar por aí, solta, desencontrada, fragmentária, inexplicada, os nossos segredos, estes sim, seguirão sendo impiedosamente revelados por esse subversivo radical que pôs toda a nossa cultura, e o nosso sossego, de pernas para o ar...[1]

Não bastasse isso, Pessoa nos brinda com outra peculiaridade, não menos inquietante. À revelia da nossa tradição lírico-sentimental, sua poesia é intelectualizadíssima, é o palco privilegiado de uma excepcional capacidade raciocinante, e isto parece incomodar. Mais de um crítico seu, com base no argumento do excesso de raciocínio versificado, às vezes até rimado e escandido, chegou a sugerir que ele não passa de um impostor, um fazedor de *puzzles*, que teria dado efetivamente mais certo como astrólogo, por exemplo, que ele ensaiou ser, do que como poeta. Mas se a uns incomoda, a outros seu intelectualismo fascina e instiga, agindo como droga estimulante, aceleradora das trocas hormonais ou das secreções glandulares ou do que quer que se relacione com o *animus ratiocinandi* de leitores e intérpretes. Aí, todo cuidado é pouco. Há que refletir na afiada ponderação de Vergílio Ferreira: Pessoa nos faz sentir mais inteligentes do que na verdade somos.

A poetas iluminados, como um Rimbaud ou um Sá-Carneiro, podemos tratar com deferência e deslumbramento. Mas diante de poetas raciocinantes a deferência tende a se

---

[1] Cf. C.F. Moisés, "Quem tem medo de Pessoa?", *Semanário*, Lisboa, 7/12/1985.

converter em mais raciocínio e o deslumbramento, em competição. Todo grande poeta gera o tipo de crítica que mais lhe convenha. O crítico gerado por Fernando Pessoa é um misto de Édipo e Narciso: decifra-me ou contemplo-te.

2

O presente esboço parte da instigação de Eduardo Lourenço, transcrita em epígrafe. Meu propósito é testar a hipótese aí formulada, endossando-a *in limine*. Procederei aos saltos, fragmentariamente, como convém ao caráter da obra em causa, mas, a fim de que o procedimento não resulte demasiado dispersivo, ater-me-ei a um tema-núcleo, o das relações entre Caeiro-mestre e um seu discípulo confesso, Álvaro de Campos, especialmente o de "Tabacaria".

Com efeito, aí temos: *Pessoa é um revolucionário*. Mas como se propõe e como se daria a sua revolução? Não, certamente, no esbravejar histérico do "Ultimatum", não na condenação do preconceito da ordem e outros preconceitos, não nas estrepolias do tempo de *Orpheu*. Esta espécie de subversão pode ter sua eficácia passageira no alto do palanque, mas é agitação de superfície. Apesar de bombástica e escandalosa, ou justamente por isso, põe em guarda os atingidos, que aparam facilmente o golpe e se limitam a esperar que o *establishment* a absorva e a incorpore à massa homogênea da conservação e da reação.

A revolução de Pessoa, mais eficaz, é discretíssima, quase subliminar. Não agita, não choca, não dá gritos histéricos, passa despercebida. Onde mais poderia estar senão na placidez bucólica de Alberto Caeiro? Este guardador de rebanhos, que nunca guardou rebanhos, começa por se revolucionar a si próprio: "Eu nem sequer sou poeta: vejo". Em seguida, afirma não se importar com os outros *mas* ensina que é preciso "aprender a desaprender", e que estes vinte séculos de civilização, de que nos orgulhamos, para quase nada prestaram, salvo para lhe fornecer o ensejo de nos incitar ao "pasmo essencial", em meio às ruínas em redor.

A verdadeira revolução, ensina o mestre, não consiste em lançar brados contra a moral burguesa, a igreja católica, o reacionarismo, a tirania ou a pasmaceira da literatura e da arte acadêmicas. Bernardo Soares, um de seus discípulos mais discretos, aprendeu bem a lição:

> Revolucionário ou reformador – o erro é o mesmo. Impotente para dominar e reformar a sua própria atitude para com a vida, que é tudo, ou o seu próprio ser, que é quase tudo, o homem foge para querer modificar os outros e o mundo externo. Todo o revolucionário, todo o reformador, é um evadido. Combater é não ser capaz de combater-se. Reformar é não ter emenda possível.[2]

A revolução de Caeiro consiste em interrogar, sempre, pelo fundamento racional das verdades possíveis, para além de toda crença, toda superstição e todo preconcebimento. Álvaro de Campos parece ter sido o discípulo que mais fundo empenhou-se nas implicações dessa proposta.

3

"Tabacaria" fala em abdicar de ser: "Não sou nada./ Nunca serei nada./ Não posso querer ser nada".[3] Tomêmo-lo como ponto de partida, *um* entre vários possíveis, assinalando que, no mesmo passo em que abdica de ser, o poeta encarece o seu contrário dialético, o poder-ser: "À parte isso, tenho em mim todos os sonhos do mundo". Parece evidente a afinidade entre esse abdicar de ser isto ou aquilo, essa recusa em se restringir a uma entificação limitadora, e o processo heteronímico, como se cada

---

[2] F. Pessoa, *Livro do desassossego*, org. Teresa Sobral Cunha, Campinas, Unicamp, 1994, vol. II, p. 229.
[3] F. Pessoa, *Obra poética*, Rio de Janeiro, José Aguilar, 1974, 5a ed., p. 362. As citações do poeta, indicadas pela sigla OP seguida do número de página, provirão sempre desta edição.

heterônimo correspondesse à configuração particularizadora de um dos "sonhos" que lhe povoam a consciência múltipla e diversificada. Assim, o Eu que em "Tabacaria" declara não ser nada representaria não somente a individualidade heteronímica de Álvaro de Campos, apenas uma daquelas configurações, mas sobretudo um Eu mais amplo e significativo, articulador de toda a poesia pessoana, e presente, como *duplo* obsessivo, em qualquer dos discursos/heterônimos engendrados pelo poeta.

Tal duplicidade já foi assinalada por Eduardo Lourenço, embora debaixo de outra perspectiva: "Em todos os heterônimos [...] há, na primeira fase da sua manifestação um momento mais sereno, ou antes de *aceitação* [...], em seguida repudiado, ou ferozmente convertido no seu contrário".[4] Em cada heterônimo manifesta-se sempre, nuns com mais, noutros com menos evidência, um mecanismo de desdobramento da personalidade em que o elemento invariável é formado por esse núcleo de perquirição ontológica encetada por um Eu que interroga pelos fundamentos do ser em geral e do seu *Dasein*. Esse Eu alterna com a configuração ôntica definidora de Caeiro, Campos, Reis e Pessoa *ipse*, sendo parcialmente encoberto por esta. Nesse sentido a poesia ortônima é tão heteronímica quanto a outra; a ficção dos heterônimos constitui, não um sistema fechado e definitivo, mas verdadeiramente um *processo* aberto e ilimitado, capaz de engendrar infinitas *personae*, como que a reproduzir a estrutura aberta e fragmentária do poema "Tabacaria". Tal estrutura é engendrada, neste poema, por um incessante jogo dialético entre Ser e Nada, um jogo que ressurge em toda a obra, sempre na condição privilegiada de situação ontológica radical, a partir da qual as parciais visões de mundo de cada heterônimo vão sendo erguidas, não só como excurso especulativo, mas como afirmação do Nada enquanto sustentação e fundamentação do Ser, enquanto reduto último possibilitador de toda e qualquer existência ou entificação.

---

[4] E. Lourenço, *Pessoa revisitado*, Porto, Inova, 1973, p. 109.

4

Afirmação do Nada... É nos poemas de Alberto Caeiro, o pastor falsamente ingênuo e antimetafísico, que essa afirmação adquire a sua forma mais amena, porque camuflada e paradoxal. Caeiro *finge* a consciência que adere à superfície das coisas para encarecer a realidade fenomênica do universo objetivo. É a sua maneira sofística e triunfante de negar a patência do Nada. No entanto, o que ele faz é simplesmente substituir as estruturas da realidade exterior pelas estruturas da consciência, que a tudo absorve, reduzindo o universo ao nominalismo da realidade vocabular:

> Eu nunca guardei rebanhos,
> Mas é como se os guardasse. [...]
>
> Quando me sento a escrever versos
> Ou, passeando pelos caminhos ou pelos atalhos,
> Escrevo versos num papel que está no meu pensamento,
> Sinto um cajado nas mãos
> E vejo um recorte de mim
> No cimo dum outeiro,
> Olhando para o meu rebanho e vendo as minhas idéias,
> Ou olhando para as minhas idéias e vendo o meu rebanho.
> [...]
>
> O rebanho é os meus pensamentos. (OP: 203, 204, 212)

Com a notável acuidade que lhe permite jogar com a riqueza polissêmica e sedutora das palavras engenhosamente manipuladas, mas jogar com palavras esvaziadas de referencialidade, por isso armadas em sistema tão cerrado, Caeiro contorna sempre o crucial problema ontológico, latente desde a abertura da série de seus poemas, nos versos que com simplicidade negam a situação que poderia conferir veracidade a todo o cenário por ele erguido: "Eu nunca guardei rebanhos". Isto é, a visão de mundo de Caeiro assenta sobre uma situação inexistente, o vazio, o nada, e radica no poder imaginativo, a que ele claramente adere no verso seguinte: "mas é *como se* os guardasse" – simples mas engenhosa suposição que lhe permite comuflar o drama essencial do pensamento que se interroga pelos fundamentos e pelo "sentido íntimo das coisas". E consegue fazê-lo com tal perícia e profundidade que, na verdade, seus poemas registram, não uma *explicação* para o sentido das coisas, mas um *método* capaz de levar a isso, um método que ensina a olhar atentamente para elas, a fim de que sua natureza se nos revele, tão íntegra e objetiva quanto possível. A partir daí, poderemos dar-lhes o sentido que bem entendermos, como se o sentido *das* coisas, ao fim de contas, estivesse em nós e não nelas.

Como se vê, trata-se de uma postura epistemológica afim da redução eidética da fenomenologia husserliana e da filosofia da linguagem proposta por Wittgenstein. E é a eficácia de tal método que acaba por fazer desse sagaz guardador de rebanhos o mestre dos demais heterônimos.

Quando ironicamente decreta que "Há metafísica bastante em não pensar em nada", Caeiro explicita a verdadeira dimensão em que assenta a sua visão de mundo, a dimensão metafísica, e afirma o âmbito em que predominantemente opera, o da negação e do nada. Da mesma forma, a seqüência da composição –

O que penso eu do mundo?
Sei lá o que penso do mundo!
Se eu adoecesse pensaria nisso (OP: 206) –

mostra sua recusa em *expressar* o que pensa do mundo, mas deixa intacta a afirmação de que não está e nunca deixou de estar senão a pensá-lo. E cerca o arranjo sofístico da proposição com o derivativo de atribuir o pensar "nisso", isto é, pensar acerca de pensar no mundo, a uma doença, tal como o fará Álvaro de Campos: "...a metafísica é uma conseqüência de estar mal disposto". Mas Caeiro não ignora que a inversão de uma fórmula metafísica gera outra, igualmente metafísica, e que recusar-se a pensar, explicitando-o em palavras, não é suficiente para deixar de fazê-lo, mas, ao contrário, conduz o pensamento à suprema rarefação de seu objeto, projetando-o na atmosfera da "reflexão transcendental", de que fala Husserl,[5] em que o pensamento se converte em objeto de si mesmo, para aí encontrar o que aí sempre esteve: a originária patência do nada.

5

Num de seus poemas ingleses, Pessoa refere-se à "vision of the real things beyond", dimensão apenas intuída ou suposta, de vez que a magnificiência do "real" escapa à capacidade humana de conhecer e reter o conhecimento, tão mais precário quanto mais condenado às limitações da existência. "Vision" tem aí a conotação de sonho, fantasia, irrealidade. Não por acaso, uma das bases essenciais da visão de mundo de Alberto Caeiro assenta sobre um "sonho", claro "como uma fotografia", o sonho do seu "menino Jesus verdadeiro":

> Num meio dia de fim de primavera
> Tive um sonho como uma fotografia.
> Vi Jesus Cristo descer à terra. [...]
> A mim ensinou-me tudo.
> Ensinou-me a olhar para as cousas.
> Aponta-me todas as cousas que há nas flores. (OP: 209-210)

E o que lhe ensinou o menino Jesus? Ensinou-o a ver, simplesmente, na acepção de apreender o fundamento essencial da realidade; a ver a profundidade que se esconde por trás da aparência, sustendo-a... "the real things beyond". Ensinou-o a ver "*as cousas* que há nas flores", que não se confundem com estas, mas conferem-lhes substância e essencialidade, a sua coisidade, *Dingheit*.

---

[5] E. Husserl, *Méditations cartésiennes*, tr. fr., Paris, J. Vrin, 1969, pp. 72-74.

Esse aplicado "olhar para as coisas", que Caeiro diz ter aprendido com seu menino Jesus, é uma espécie de redução eidética, enquanto atitude de conhecimento que procura libertar a consciência das distorções apriorísticas, permitindo que cada fenômeno, isolado e posto "entre parênteses", seja apreendido em sua integridade. Mas Caeiro diz também, noutro poema, que compreendeu isto "com os olhos, nunca com o pensamento", (OP: 237) sugerindo com isso uma atitude epistemológica que em larga medida coincide com a de Wittgenstein:

> Na proposição o nome substitui o objeto. Posso nomear apenas objetos. Os signos os substituem. Posso apenas falar sobre eles, não posso, porém, enunciá-los. Uma proposição pode apenas dizer como uma coisa é, mas não o que é.[6]

Reduzir-se a signos é assim a única possibilidade de os objetos ganharem auto-identidade, a plenitude da perfeita coincidência consigo mesmos. Por isso, Caeiro pode também declarar que, casualmente, acabou por descobrir o que talvez seja o "Grande Segredo/Aquele Grande Mistério de que os poetas falsos falam":

> Vi que não há Natureza,
> Que Natureza não existe,
> Que há montes, vales, planícies,
> Que há árvores, flores, ervas,
> Que há rios e pedras,
> Mas que não há um todo a que isso pertença,
> Que um conjunto real e verdadeiro
> É uma doença das nossas idéias.
> A Natureza é partes sem um todo. (OP: 226-227)

---

[6] L. Wittgenstein, *Tractatus logico-philosophicus*, tr. bras., São Paulo, Nacional/USP, 1968, p. 73.

Assim, Caeiro assimila do seu menino Jesus a "ciência de ver", para transmiti-la a seus discípulos. Ensina por exemplo a Álvaro de Campos a "clareza da vista", tal como este o reconhece, no poema que principia "Mestre, meu mestre querido" (OP: 369-370). Caeiro transmite a Campos a postura despremeditada que permite à consciência enfrentar a realidade livre de preconcebimentos, a fim de que cada coisa lhe apareça tal como é. Não lhe ensina, porém, "a ter a alma com que a ver clara", com que ver clara a própria clareza da vista; não lhe ensina o segredo último, de que a realidade não está nos objetos, mas na linguagem, e que a clareza não reside no que se vê, mas no *modo como* as coisas são vistas. As coisas, na verdade, não são claras em si: a visão que se tem delas, através da linguagem que as apresa, é que pode, se puder, iluminá-las. Campos, contudo, longe de se satisfazer com a reclusão ao universo das palavras e da subjetividade, pretende sempre empatizar com o mundo exterior e os fenômenos circundantes. Por isso, é verdadeiramente obsessiva a insistência com que o sonho e seus corolários (a noite, o escuro, a névoa etc.) se interpõem entre os seus propósitos e a inatingível realidade, denunciando uma *obscuridade* que a clareza da vista, imperfeitamente aprendida de Caeiro, por isso mesmo, não é capaz de dissipar.

Desse modo, a possibilidade de distinção entre sonho e realidade acaba por convergir para a questão da *credibilidade*. O fato de as coisas serem críveis ou não críveis depende da atitude que se tome diante delas, e não delas próprias. Se eu as encarar à luz de qualquer sistema apriorístico, elas serão sempre críveis, porque previstas por esse mesmo sistema, que as enquadra e justifica. Se, ao contrário, eu me postar diante delas com a mente desprevenida, daí então advirá o estarrecimento em face do inacreditável que é haver ser,[7] daí advirá o

---

[7] "Por que afinal existe ente e não, antes, nada?" (M. Heidegger, *¿Qué es metafísica?*, tr. arg., Buenos Aires, Septimus, 1956, p. 37). "Mais que a existência / É um mistério o existir, o ser, o haver / Um ser, uma existência, um existir – / Um qualquer, que não este, por ser este – / Este é o problema que perturba mais. / O que é existir – não nós ou o mundo – / Mas existir em si?". (OP: 460)

"pasmo essencial" de que fala Caeiro, o espanto que já Platão afirmava estar na origem de todo filosofar. Tal atitude tornar-se-á a mola propulsora de uma incessante indagação no encalço do que pode estar *para além de*, a transcendência, uma indagação que, em perfeito movimento cíclico, seja capaz de tornar novamente crível, isto é, com sentido, uma realidade de outro modo absurda e inexplicável. Conhecer corresponderá, pois, a um mecanismo complexo, feito de etapas sucessivas que não se excluem nem se superam, mas podem interpor-se, em giros espiralados.[8]

6

É no encalço do desvendamento desse mecanismo essencial que, em "Tabacaria", Álvaro de Campos vai "ao campo com grandes propósitos", grandes porque advindos da ambição de quem opta por abdicar de tudo o que já está construído, *pelos outros*, e se entrega à tarefa que almeja refazer tudo pela base, reconstruir todo o universo, descomunal e melancólica tarefa que traria, ao fim, se fosse bem-sucedida, o único e inglório troféu que é poder afirmar: "Não, não falhei em tudo". Mas nem ao menos isso é dado ao poeta descortinar em seu mal esboçado projeto. Em sua ida ao campo, encontra apenas a "Natureza sem gente" (OP: 203) de que fala Caeiro, ou uma gente "igual à outra", isto é, igual à gente da cidade, dos ensinamentos estereotipados e dos valores convencionais. Isto quer dizer que o projeto de Campos se vê bloqueado no nascedouro, uma vez que não pode ou não quer confinar-se ao solipsismo de uma consciência auto-suficiente, mas envolve o Outro, pede a adesão e a participação do Outro, que continua para além, cruzando a rua, alheio e distante, imerso na imediatez do cotidiano. Noutras palavras, o projeto apenas vislumbrado faz que a consciência se aperceba do seu isolamento, da sua condenação à clausura intransponível da subjetividade, no seu empenho em assumir-se não só como

---

[8] Cf. C.F. Moisés, *O poema e as máscaras*, Coimbra, Almedina, 1981.

être-pour-soi mas também como *être-pour-les-autres*, para usar as expressões com que Sartre adapta ao seu existencialismo a analítica heideggeriana do *Sich-sein*.

Este ir até ao campo com grandes propósitos constitui nítida referência ao bucolismo do mestre Caeiro, não só pela afinidade ambiental, enquanto procura de natureza e naturalidade, mas sobretudo pelo fato de a postura de Caeiro representar uma forma idealística, e por isso parcial, de resolver o dilema da oposição entre ser-para-si e ser-para-os-outros. Ciente do impasse, Caeiro assume integralmente a posição da individualidade auto-suficiente, que exclui do horizonte de seus propósitos as demais criaturas:

> Vivo no cimo dum outeiro
> Numa casa caiada e sozinha,
> E essa é a minha definição. [...]
> Que me importam a mim os homens
> E o que sofrem ou supõem que sofrem?
> Sejam como eu – não sofrerão.
> Todo o mal do mundo vem de nos importarmos uns com
> [os outros,
> Quer para fazer bem, quer para fazer mal.
> A nossa alma e o céu e a terra bastam-nos.
> Querer mais é perder isto, e ser infeliz. (OP: 220-221)

Tal atitude faculta a Caeiro a sensação de plenitude que advém do acordo harmonioso com as coisas, "sol e luar e flores e árvores e montes", um acordo que não traduz apenas a bucólica e talvez egoística fruição de uma natureza preservada do desconcerto do mundo, mas é símbolo de uma harmonia e uma comunhão utópicas que o poeta desejaria estabelecer não com árvores e montes, mas com as pessoas, seus semelhantes, desde que de fato *semelhantes,* seres individualizados, não meras entidades neutras, definidas *in abstracto* pelo preconcebimento ideológico.

A utopia do homem que a si próprio se basta e consegue, assim, sentir-se identificado com o mundo; a utopia do homem que afirma:

Procuro despir-me do que aprendi,
Procuro esquecer-me do modo de lembrar que me ensinaram,
E raspar a tinta com que me pintaram os sentidos,
Desembrulhar-me e ser eu, não Alberto Caeiro,
Mas um animal humano que a Natureza produziu (OP: 226)

essa magnifica e dourada utopia é que confere a Caeiro a condição de mestre. Neste singelo pastor, que tem por rebanho os seus próprios pensamentos, seus discípulos vêem realizar-se plenamente, com a máxima simplicidade, o que neles não passa de aspiração. Por isso, ao recordar-se do diálogo que teria travado com seu mestre, em dado instante Álvaro de Campos exclama: "Nessa altura senti carnalmente que estava discutindo, não com outro homem, mas com outro universo". (OP: 249)

Se atentarmos para a articulação simbólica que dá consistência às proposições de Caeiro, veremos aí, não uma ética, mas uma epistemologia; não um *modo de ser* mas um *modo de ver*, e somente segundo essa perspectiva é que sua postura pode ser devidamente considerada. Caso contrário, corre-se o risco de falseá-la, reproduzindo-se os mesmos equívocos e simplismos com que o engajamento sartreano, por exemplo, "resolve" a ingente interrogação ontológica de Heidegger, para transformá-la em plataforma de conduta social e política, eficiente como fonte de motivos literários e recurso captador de audiência, mas insustentável enquanto rigor e fundamentação. A *praxis*, tão cara ao romancista de *La Nausée*, deve constituir, sem dúvida, a meta final pretendida pelo pensar, mas a heideggeriana lição do poeta parece ensinar que não convém sobrepor afoitamente aquela a este.

> Este processo [Heidegger se refere à reconstrução da Europa, semidestruída pela II Grande Guerra] exigiria propriamente que o homem começasse a agir, sem demora, em vez de falar, em conferências e congressos, movendo-se no plano do imaginar o que deveria ser, e como se poderia realizá-lo. De acordo com isto, o que faz falta seria o agir e de modo algum o pensar. Não

obstante, porém, talvez seja o caso de que o homem, em relação à sua existência, já há séculos tem agido demais e pensado de menos.[9]

No mesmo gesto em que apreende uma precária grandeza que o vincula à imensidão cósmica, o poeta reconhece sua fatal impotência. Daí decorrem a descrença e o ceticismo, que se espraiam, aliás, por toda a poesia pessoana, indo impregnar até mesmo a aparente segurança e certeza com que Caeiro axiomaticamente legisla sobre uma suposta naturalidade que apenas tenta ocultar o ceticismo de base:

> O meu misticismo é não querer saber.
> É viver e não pensar nisso. [...]
>
> Não sei o que hei de fazer das minhas sensações.
> Não sei o que hei de ser comigo sozinho. [...]
>
> Fui feliz porque não pedi cousa nenhuma,
> Nem procurei achar nada,
> Nem achei que houvesse mais explicação
> Que a palavra explicação não ter sentido nenhum.
> [(OP: 220, 230, 236)

Caeiro é feito mestre justamente porque, por seu intermédio, Pessoa simula resignar-se à impossibilidade de saber e explicar. Para os demais, tal impossibilidade nunca é ponto pacífico. Bernardo Soares, Campos e Pessoa *ipse*, em suas várias facetas, assim como Reis, embora este em menor escala, estão sempre a interrogar-se, em busca de sentido e explicação. Não assim nos poemas de Caeiro, onde se estanca na origem a fonte da descrença e do ceticismo, que é esse constante interrogar-se. Com isso, Caeiro cria a utopia do homem que a si próprio se basta, substituindo a realidade pela consciência. Num caso e noutro, no dos heterônimos que se interrogam e

---

[9] M. Heidegger, *¿Qué significa pensar?*, ed. cit., p. 10.

no de Caeiro, que põe o interrogar-se – e, com isso, toda a realidade – entre parênteses, estamos diante da afirmação das limitações e da impotência do homem em face do Universo.

7

Abramos um parêntese, para formular uma pergunta quem sabe impertinente, quem sabe ingênua: por que os discípulos diferem tanto do mestre? Pensemos no enredo criado por Pessoa em torno de Álvaro de Campos. Cumpre aí papel de destaque o episódio do "encontro" que este manteve com Caeiro, conforme relatado por Campos nas "Notas para a recordação do meu mestre Caeiro". Sob pena de nos deixarmos confundir, convém não perder de vista que estamos lidando com ficção sobre ficção, camadas superpostas de especulação imaginativa, por mais convincente ou verossímil que possa parecer. No tocante à influência de Caeiro sobre Campos, o próprio poeta o anuncia, em carta a Adolfo Casais Monteiro:

> Quando foi da publicação de Orpheu, foi preciso, à última hora, arranjar qualquer coisa para completar o número de páginas. Sugeri então ao Sá-Carneiro que eu fizesse um poema "antigo" do Álvaro de Campos – um poema de como o Álvaro de Campos seria antes de ter conhecido Caeiro e ter caído sob a sua influência. E assim fiz o "Opiário", em que tentei dar todas as tendências latentes do Álvaro de Campos, conforme haviam de ser depois reveladas, mas sem haver ainda qualquer traço de contato com o seu mestre Caeiro.[10]

Como um poeta tranqüilo, simples e ingênuo, como Caeiro, que se recusa a pensar e afirma apenas sentir as impressões que colhe da Natureza, pode ter influenciado um poeta nervoso, cerebral, raciocinante, inteiramente voltado para o

---

[10] F. Pessoa, *Páginas de doutrina estética*, Lisboa, Inquérito, s.d., p. 265.

cenário urbano e cosmopolita, como Campos? A bem dizer, a pergunta não é impertinente, é apenas ingênua – preconceituosamente ingênua ou ingenuamente preconceituosa. O preconceito consiste em supor que o discípulo deva repetir o mestre, e de que "ser influenciado por" signifique tornar-se "imitador de".

Caeiro não ensina propriamente idéias ou conteúdos, ou um estilo, mas simplesmente uma atitude, a de quem não aceita dogmas, postulados ou verdades preestabelecidas. Para o mestre, é preciso fazer tábula rasa de tudo quanto nos tenha sido ensinado, a fim de que estejamos aptos a reapre(e)nder a realidade a partir do zero, ou a partir dos sentidos e das sensações originais, a partir das impressões imediatas experimentadas no contato com as coisas. Caeiro ensina lições como a que segue, uma lição de exemplo prático, não de conteúdo:

> Sei ter o pasmo essencial
> Que teria uma criança se, ao nascer,
> Reparasse que nascera deveras (OP: 204) –

lição à qual, mais adiante, acrescenta esta capital advertência:

> Mas isso (tristes de nós que trazemos a alma vestida!)
> Isso exige um estudo profundo,
> Uma aprendizagem de desaprender. (OP: 217)

Aí reside um dos ensinamentos fundamentais do mestre Caeiro. Seus discípulos aprendem com ele a *desaprender* o que lhes tenha sido transmitido ou imposto pela educação convencional. A partir daí, o aluno começará a aprender tudo de novo, na razão direta de suas sensações individuais e intransferíveis, nunca à imagem e semelhança do mestre, que tem as suas próprias sensações, igualmente intransferíveis. Caeiro ensina que a autêntica educação é a auto-educação. O mestre que produz discípulos-imitadores não é um verdadeiro mestre, é só uma pessoa vaidosa e prepotente; o discípulo que copia o mestre, não aprendeu nada: ou é um usurpador ou só uma câmara de eco.

8

Caeiro ensina, portanto, que a meta primordial do ser humano é eliminar a distância que medeia entre consciência e realidade. O homem ideal, entrevisto em seus poemas, não como tipo abstrato e exteriorizado, mas como um modo de ser construído a partir do seu exemplo pessoal, é o homem perfeitamente integrado à realidade. Uma das mostras mais felizes dessa integração é divisada por Álvaro de Campos, ainda em "Tabacaria", já agora não a partir do seu exemplo pessoal, como o mestre, mas a partir da contemplação da pequena que come chocolates.

Ao observar a cena, Álvaro de Campos se dá conta de que, naquele instante privilegiado, o chocolate vem a ser, para a criança, o centro do universo – qualquer coisa próxima do que Caeiro relata a propósito do seu menino Jesus (os grifos são meus):

> Ao anoitecer brincamos as cinco pedrinhas
> No degrau da porta de casa,
> Graves como convém a um deus e a um poeta,
> *E como se cada pedra*
> *Fosse todo um universo*
> E fosse por isso um grande perigo para ela
> Deixá-la cair no chão. (OP: 211)

A pequena dos chocolates representa para Álvaro de Campos, o mesmo que a "pobre ceifeira" representa para o ortônimo, ou a Lídia ou a Cloe, para Ricardo Reis: a utópica recuperação da inocência, a única possibilidade de atingir a desejada sensação de plenitude do Eu sintonizado e harmonizado com o Mundo. Círculo vicioso, beco-sem-saída, tarefa de Sísifo – a única solução que Pessoa encontra para o impasse reside na magistralmente engenhosa ficção de Alberto Caeiro, em quem se concretiza a forma extrema deste núcleo da poesia pessoana, que poderíamos chamar arquétipo da inocência. Enquanto Reis, Campos e o ortônimo *tematizam* a imagem arquetípica, representando-a em figuras várias, Caeiro *integra-a em si*, realizando a inocência não como tema mas como ingrediente que o constitui:

> Nunca fui senão uma criança que brincava.
> Fui gentio como o sol e a água,
> De uma religião universal que só os homens não têm.
> [(OP: 236)

A *persona* assumida por Caeiro pode ser pensada, assim, como conciliação entre *animus* e *anima*, índice de androginia ideal. O resultado é um ser que a si mesmo se basta, pois guarda em si o centro de qualquer universo possível. Eduardo Lourenço já o assinalara: "Enquanto *mito* Caeiro é o centro do universo de Pessoa. Ou melhor, é invenção de um *centro* para um universo sem ele".[11] O bucolismo do nosso guardador de rebanhos vem a ser, em suma, a realização interior de uma imagem arquetípica que, nos demais, está dispersa, exteriorizada e descentralizada. Aquilo que nos outros é sonho utópico, tanto menos exeqüível quanto mais procurado, na ficção de Caeiro aparece como verdade diretamente apreendida:

> Foi isto o que sem pensar nem parar,
> Acertei que devia ser a verdade
> Que todos andam a achar e que não acham,
> E que só eu, porque a não fui achar, achei. (OP: 227)

Caeiro representa, pois, o ser que atingiu a posse plena de suas potencialidades, o que o torna mestre dos demais, pois ele sabe que "a única inocência é não pensar" (OP: 205) e sabe fingir que não pensa, lição que os discípulos não puderam ou não quiseram assimilar. No seu caso, o arquétipo da inocência não parece constituir um estado anterior ao pensamento, como na pequena dos chocolates ou na pobre ceifeira, mas algo posterior a (e obtido por) esse mesmo pensamento; não

---

[11] E. Lourenço, *op. cit.*, p. 205.

uma inocência *ainda não* distorcida pelo vício de pensar, mas, ao contrário, a inocência conseguida pelo pensar que *já não mais* se rende a esse vício, pois foi capaz de aprender a desaprender.

Na verdade, os poemas de Caeiro podem ser entendidos, em última instância, como uma longa e intensa reflexão sobre a própria linguagem, que se deseja abstrata e rarefeita. A linguagem, para Caeiro, pretende atingir a condição asséptica de instrumento neutro, transparente. Uma vez cumprida a missão de apreender o real "em si", a linguagem deve evaporar-se, a fim de que somente os objetos apareçam, por si, inteiros e autônomos. É por demais evidente a afinidade entre essa problemática e o pensamento de Wittgenstein, até mesmo na brevidade do estilo e no tom aforístico que o filósofo imprime à sua reflexão:

> Se as coisas podem aparecer em estado de coisas, então isto já deve estar nelas. / É possível descrever situações, impossível no entanto nomeá-las. / Posso nomear apenas objectos. / Os signos os substituem. Posso apenas falar sobre eles, não posso, porém, enunciá-los. / Uma proposição pode apenas dizer como uma coisa é, mas não o que é. / O que se exprime na linguagem não podemos expressar por meio dela. / O sujeito não pertence ao mundo mas é limite do mundo. / O mundo independe de minha vontade.[12]

Estes e vários outros enunciados de Wittgenstein compõem com os versos de Caeiro uma surpreendente e harmoniosa unidade, como se estivessem a comentar-se e a desdobrar-se mutuamente. Tanto ao poeta quanto ao filósofo é comum a desconcertante idéia de que toda essa longa enumeração de verdades axiomáticas, tentativas aparentes de aproximação da realidade, não passam de jogo verbal, desprovido de substância, mera arquitetura lógica e artificial, não obstante imprescindível, cuja finalidade é deixar de existir, em algum momento, para que só os objetos permaneçam.

---

[12] L. Wittgenstein, *op. cit.*, p. 55, 63, 78, 111, 125.

A máscara bucólica de Caeiro simboliza, enfim, um poder-ser em plenitude, que é ao mesmo tempo anterior e posterior às inúmeras tentativas de ser isto ou aquilo. Anterior enquanto pré-*logos*, mito de primitivismo, e posterior enquanto ideal hipotético, racionalmente concebido.

9

"The real things beyond"... a essência das coisas, conforme lembrado páginas atrás. Esta essência, o poeta desejaria encontrá-la fora de si, como algo *feito*, portanto tangível, e não apenas como a dimensão íntima e profunda do seu próprio ser, os seus sonhos mais alados, os projetos mais ambiciosos, aquilo que, calcando-a aos pés, busca eliminar a inarredável "consciência de estar existindo", uma existência de degredado em relação à realidade plausível, sempre do outro lado, sempre defronte da tabacaria de defronte. Se a "essência musical", apenas vislumbrada nos versos, pudesse concretizar-se ou atualizar-se em plenitude, assumindo a mesma forma de existência da "caligrafia rápida", o poeta poderia deixar de escrever os seus versos, pois a poesia estaria integrada ao Universo exterior e não necessitaria das máscaras do poema, onde só precariamente se manifesta. Isto, porém, conduz de volta ao arquétipo da inocência, ao sonho utópico do homem que é todo um universo, a *persona*-Caeiro:

> Sou o Descobridor da Natureza.
> Sou o Argonauta das sensações verdadeiras.
> Trago ao Universo um novo Universo
> Porque trago ao Universo ele-próprio. (OP: 226)

Em Álvaro de Campos e nos demais, a interação com o mundo exterior é uma impossibilidade, determinada pelo recato, pelo pudor obsessivo, pelo primado da subjetividade encapsulante. Ao ensaiá-lo, todos se defrontam com o mesmo impasse, que invariavelmente assume a forma do disfarce ou da expressão indireta e alusiva; a forma da representação, do fingimento e das máscaras, em suma. Nesse sentido, Caeiro acolhe o disfarce supremo encontrado pelo poeta, pois nele realiza-se o sonho utópico insinuado no restante de sua poesia, o sonho de "ser a única [cousa ou] animal", (OP: 477) como se lê no *Primeiro Fausto*. A serenidade e a placidez que se respiram na série "O guardador de rebanhos", isto é, a ausência de agonia e desespero, de desalento, frustração ou tédio, que marcam o restante da produção do poeta, decorrem de, aí, aquele pudor ter chegado ao extremo de eliminar o Outro, a ponto de fazer cessar, ou melhor, de esconder provisoriamente, apenas enquanto Pessoa finge guardar rebanhos, o problema crucial de tentar ligar-se ao mundo exterior, para sentir-se-lhe irmanado. Caeiro encontra ou simula essa serenidade na "paz da Natureza *sem gente*", ou na plenitude de uma consciência que se substituiu ao mundo, aparentando haver eliminado de seus propósitos a incômoda embora subliminarmente desejada presença do Outro:

É noite. A noite é muito escura. Numa casa a uma grande
[distância
Brilha a luz duma janela.
Vejo-a, e sinto-me humano dos pés à cabeça.
É curioso que toda a vida do indivíduo que ali mora, e que
[não sei quem é,
Atrai-me só por essa luz vinda de longe.
Sem dúvida que a vida dele é real e ele tem cara, gestos, família e profissão.
Mas agora só me importa a luz da janela dele.
Apesar de a luz estar ali por ele a ter acendido,
A luz é a realidade imediata para mim.
Eu nunca passo para além da realidade imediata.
Para além da realidade imediata não há nada.
Se eu, de onde estou, só vejo aaquela luz,
Em relação à distância onde estou há só aquela luz.
O homem e a família dele são reais do lado de lá da janela.
Eu estou do lado de cá, a uma grande distância.

A luz apagou-se.
Que me importe que o homem continue a existir?
[(OP: 237)

10

Os "Poemas dramáticos" representam a intensificação máxima da problemática que gira em torno de Ser e Conhecer, comum a toda a poesia pessoana. E seria este o sentido básico do adjetivo "dramáticos" que o poeta antepôs a esses poemas, um sentido só subsidiariamente vinculado à arte cênica. Caeiro, Reis, Campos, Ele-mesmo e os demais correspondem a máscaras que o poeta adota quando manifesta, por meio delas, um núcleo de perquirições existenciais e metafísicas que só nos "Poemas dramáticos" vai expressar-se de modo direto, sem a intermediação do jogo das máscaras. Aí esse núcleo atinge a sua forma mais abstrata, por isso mais intensa, ao passo que nos heterônimos se esconde, modulado por uma voz dúbia, própria e alheia ao mesmo tempo.

Em *O marinheiro* ou no *Primeiro Fausto*, o que temos é uma voz sem corpo, sem espaço nem tempo, uma voz hierática que parece provir do Mito e da Transcendência. Nos heterônimos, o leitor está sempre diante de uma voz definida e de um tom confessional, que dão corpo a determinada situação existencial, exarada nos versos, e não apenas nas biografias compostas a posteriori. Já nos "Poemas Dramáticos", defrontamo-nos com uma voz sem biografia ou circunstâncias, despersonalizada, reduzida à sua expressão mais abstrata, a ecoar nas trevas do Desconhecido e do mistério ontológico. É o que anuncia o próprio poeta, num dos vários planos que esboçou para o *Primeiro Fausto*:

> O conjunto do drama representa a luta entre a Inteligência e a Vida, em que a Inteligência é sempre vencida. A Inteligência é representada por Fausto, e a Vida diversamente, segundo as circunstâncias acidentais do drama. No 1º ato, a luta consiste em a

Inteligência querer compreender a vida, sendo derrotada, e compreendendo só que não podemos compreender a vida. Assim este ato é todo [disquisições] intelectuais e abstratas, em que o mistério do Mundo (tema geral, aliás, da obra inteira, pois que é o tema central da Inteligência) é repetidamente tratado. (OP: 789)

Nesses termos, a máscara-Caeiro se situa nas antípodas do *Primeiro Fausto*, pois é no poeta-pastor que se faz mais evidente a referencialidade ao real imediato e concreto. Cada poema seu é um registro minucioso e atento das circunstâncias materiais, localizadas fora do Eu. No entanto, e paradoxalmente, para ele tudo se passa só *como se* as coisas fossem de fato assim, pois a única realidade, para esse guardador de rebanhos que nunca os guardou, é a dos próprios versos, a realidade da linguagem, em suma. Por isso, Caeiro figura na cosmovisão pessoana como a situação arquetípica do Eu que se recusa a pensar, ou melhor, que *finge não pensar* para apenas *ser*, como se fosse posível tal dissociação. Já nos "Poemas dramáticos", estamos diante de um Eu que assume integralmente, e até às últimas conseqüências, a identificação entre ser e pensar, e com isso pode abdicar de qualquer representação ou máscara circunstancializadora.

11

É bem sabido que, ao lado dos poemas atribuídos aos heterônimos, Pessoa concebeu para cada um deles, à exceção do ortônimo, uma biografia, cuja função é *reforçar* a individualização de cada uma das máscaras. Em relação a Caeiro, Campos e Reis, esse reforço seria dispensável, uma vez que a poesia de cada um deles é suficientemente marcada para que se detecte, nos próprios versos, essa individualização. Com o Pessoa ortônimo o problema se omite, já que a esta parte da obra não corresponde uma biografia própria. Aí, sim, diga-se de passagem, podemos ver o toque mistificador do poeta, que pretendeu com isso insinuar que a produção assinada com o nome de batismo correspondesse à sua faceta "sincera" e "verdadeira", enquanto o restante constituiria simulação ou insinceridade, e mais de um leitor caiu no engodo. Já Álvaro de Campos representa a consciência desagregada do homem contemporâneo, dilacerado por desgastante conflito com um mundo em crise, e isso há de ser aferido nos seus versos, e não na biografia que o poeta para ele forjou, omissa e incaracterística, a esse respeito.

Enquanto Caeiro e Reis (não me refiro às suas biografias mas aos poemas) têm ao menos aparentemente uma personalidade una e definida, cultural e até historicamente situada num passado mais ou menos remoto, seja o bucolismo e a ingênua naturalidade de um, seja o epicurismo e o estoicismo de outro, já o Pessoa *ipse* é a personalidade que se introjeta ao grau máximo, para se dispersar e se diluir no inefável do seu mundo interior, perdendo assim a unidade possível, e Álvaro de Campos se apresenta como uma personalidade fragmentada no embate com o mundo exterior, com o qual busca empatizar, uma personalidade que não poderia, portanto, ser reunida e unificada num conjunto de características individualizadoras. Em poucas palavras, Álvaro de Campos materializa expressamente o próprio processo heteronímico, tematizando-o:

> Sentir tudo de todas as maneiras,
> Viver tudo de todos os lados,
> Ser a mesma coisa de todos os modos possíveis ao mesmo
> [tempo,
> Realizar em si toda a humanidade de todos os momentos,
> Num só momento difuso, profuso, completo e longínquo.
> [(OP: 344)

Bernardo Soares, que parece estar a meio caminho entre o ortônimo e Campos, toca na mesma tecla, em diapasão semelhante ("Cada um de nós é vários, é muitos, é uma prolixidade de si mesmos") e vez ou outra chega a discorrer mais extensamente sobre o tema, evidenciando o parentesco que o une a Campos:

Criei em mim várias personalidades. Crio personalidades constantemente. Cada sonho meu é imediatamente, logo ao aparecer sonhado, encarnado numa outra pessoa, que passa a sonhá-lo, e eu não. Para criar, destruí-me; tanto me exteriorizei dentro de mim, que dentro de mim não existo senão exteriormente. Sou a cena viva onde passam vários atores representando várias peças.[13]

Mas é em Álvaro de Campos que a consciência heteronímica aflora com insistência e determinação ímpares, conferindo a este heterônimo importância decisiva no conjunto da poesia pessoana. Tal importância já havia sido assinalada, entre outros, por Eduardo Lourenço, que o considera "no grande jogo heteronímico a floresta onde todos os heterônimos confluem e de onde refluem",[14] mas cumpre também chamar a atenção para a questão geratriz, ou metapoética, que nele igualmente aflora, com a mesma insistência. Campos não seria apenas ponto de encontro, confluência e refluência, mas igualmente foco gerador. Além de ser *um* heterônimo, como os demais, nele também se faz explícito o processo que permite haver heterônimos. Campos fornece assim uma das chaves mais seguras para a compreensão da poesia pessoana enquanto "jogo heteronímico".

Essa peculiaridade do heterônimo Álvaro de Campos se prende ao fato de, aí, Pessoa enfrentar sem rodeios o insistente apelo essencial do mundo contemporâneo à comunicação e ao diálogo – ideal utópico, dir-se-ia, em face da realidade desmitificada e massificada, palco do desencontro entre criaturas tragadas pelas imposições da nossa sociedade de consumo. É emblema suficientemente expressivo de tal situação a imagem final do poema "Tabacaria": o Alves, com um sorriso gratuito nos lábios, e o poeta a gritar *Adeus!* ao Esteves, que segue seu caminho metendo troco na algibeira das calças. Não assim

---

[13] F. Pessoa, *Livro do desassossego*, ed. cit., p. 177, 352.

[14] E. Lourenço, *op. cit.,* p. 179-180.

com os demais heterônimos, que, ao menos aparentemente, fogem a esse apelo e optam por alguma forma de evasão. Caeiro se refugia na placidez da sua Natureza sem gente, Reis se isola na torre de marfim de uma atmosfera pretensamente helênica, o Pessoa *ipse* procura o paliativo inútil do mergulho na própria interioridade e Bernardo Soares perambula disperso no labirinto-útero da cidade e da sua interioridade inapreensível. Essas aparentes fugas, todavia, correspondem a outras tantas maneiras de reagir em face do mundo contemporâneo, e, ao invés de simbolizar ausentação da realidade, designam antes atitudes que somente em relação a essa realidade podem ganhar sentido, iluminando-a.

12

A desagregação da cultura e a deterioração dos valores no mundo contemporâneo são de tal ordem que não só um Álvaro de Campos, que as enfrenta diretamente, lhes serve de emblema, como também os demais heterônimos, aparentemente alheios ao processo. Todas as máscaras criadas por Pessoa podem ser vistas como legítimos embora indiretos representantes de um tempo esvaziado de mitos e verdades, e que por isso dá guarida a todas as verdades que qualquer consciência alcance formular.

De outro ângulo, a cosmovisão pessoana, armada a partir da plataforma epistemológica que é o dinamismo heteronímico, desdobra-se numa cadeia que tem, num dos extremos, a lição basilar de Alberto Caeiro, passa por Ricardo Reis, pelo Pessoa ortônimo, por Bernardo Soares e por Álvaro de Campos (passaria também por Caio Pacheco, Vicente Guedes, Antônio Mora, Alexander Search e tantos outros, caso o poeta tivesse conferido a estes sub-heterônimos configuração mais consistente), até chegar aos "Poemas dramáticos". O que distingue e individualiza cada um desses elos reside no *grau* que cada um representa, e não na *essência*, comum a todos. A seqüência que os heterônimos guardam entre si, em função dos graus a que acabo de aludir, corresponderia simbolicamente, quem sabe, às etapas da via alquímica, aos estágios iniciáticos comuns a várias seitas esotéricas, de tal modo que a transição de um para outro heterônimo, até chegar à decantação máxima dos "Poemas dramáticos", equivaleria ao progressivo despojar-se das contingências, numa escalada que pode conduzir ao Grande Arcano ou à Pedra Filosofal, ou ao Nada – esse "nada que é tudo", como lemos na *Mensagem*.

Afinal, cada heterônimo contém em si, não só o embrião dos demais, como o embrião de *n* outros heterônimos, que poderiam vir a ser plasmados pelo poeta, do mesmo modo como a estrutura do átomo reproduz a do universo, ou como na consciência de cada indivíduo repercutem, ou podem, ou devem repercutir todos os problemas que dizem respeito à espécie, dependendo do grau de consciência e de percepção de cada um. Mas essa tentativa de ampliar desmesuradamente a consciência para absorver nela toda a Humanidade resulta, paradoxalmente, na solidão mais intransponível. É Campos quem o diz: "Eu verifico que não tenho par nisto tudo neste mundo". (OP: 419) Por isso percorre-lhe a obra inteira, como uma de suas verdades mais pungentes, a sensação de ser "estrangeiro aqui como em toda a parte". Em suma, como assinala Jorge de Sena, "a poesia de Pessoa exprime a solidão irremediável, não já do indivíduo, mas do gênero humano".[15] Mas justamente por isso é possível afirmar, também, que a grandeza dessa poesia advém do fato de Pessoa ser irrecusavelmente um poeta do seu tempo, o "tempo de penúria", de que fala Heidegger, em que a solidão aparece, paradoxalmente, como firme conduto para a solidariedade e a fraternidade, conluio de *échec* e *réussite*.

E Álvaro de Campos não teria chegado a realizar sua performance extraordinária, a de "Tabacaria" e tantos outros poemas memoráveis, não fosse a lição revolucionária aprendida do seu mestre Caeiro, um mestre, afinal, que não impõe nem restringe, mas de certo modo se anula, pedindo ser tratado como aquela escada-linguagem a que sibilinamente se refere

---

[15] J. de Sena, *Da poesia portuguesa*, Lisboa, Ática, 1958, p. 181.

Wittgenstein: "É preciso por assim dizer jogar fora a escada depois de ter subido por ela. Deve-se vencer essas proposições para ver o mundo corretamente. O que não se pode falar, deve calar-se".[16]

---

[16] L. Wittgenstein, op. cit., p. 129.

O marinheiro: Pessoa *in nuce*

Actas III Congresso Internacional de Estudos Pessoanos, 1985.

Concebido em 1913, publicado pela primeira vez em *Orpheu 1*, em 1915, *O Marinheiro* não tem despertado o interesse que mereceria.[1] Os poucos estudiosos que se manifestaram a respeito, porém, sugerem, de um modo ou de outro, que é um texto decisivo para a compreensão do conjunto da poesia pessoana, quando menos porque o seu "drama estático em um quadro", como o chamou o poeta, pode ser visto como "ensaio" preliminar em torno de algumas das linhas de força da obra heteronímica, ainda praticamente toda por criar.

---

[1] Até 1985, data em que este artigo foi escrito, o que havia era: Maria Luíza Guerra, "Pesquisa existencial do drama estático O Marinheiro", *Actas do I Congresso Internacional de Estudos Pessoanos*, Porto, Brasília Editora/Centro de Estudos Pessoanos, 1979, pp. 547-556; Lothar Hessel, "O teatral e o poético em O Marinheiro, de Fernando Pessoa", *Boletim do Gabinete Português de Leitura*, no 6, Porto Alegre, dez. 1966, pp. 72-81; Maria Teresa Rita Lopes, *Fernando Pessoa et le drame symboliste*, Paris, Centro Cultural Português/Fundação Calouste Gulbenkian, Paris, 1977; Maria de Fátima Marinho, "O Marinheiro e o teatro do absurdo", *Actas*, ed. cit., pp. 493-506; Maria Odilia Leal McBride, "Três personagens à procura do Eu", *Minas Gerais*, Suplemento Literário, Belo Horizonte, 21 jun. 1975, p. 6; José Augusto Seabra, "O drama estático", *Fernando Pessoa ou o Poetodrama*, São Paulo, Perspectiva, 1974, pp. 27-34.

Vários aspectos foram já analisados com pertinência pela crítica, como sua filiação ao "drama simbolista", sua afinidade com o "teatro do absurdo", o sentido de sua classificação como "drama estático" e sua inserção no gênero dramático em geral; alguns de seus temas específicos foram também recenseados, em especial a elevação da linguagem em nível ontológico, a pluralidade na unidade, a diluição das categorias temporais, a Morte, o mistério do Ser e o horror do Nada. Maria de Fátima Marinho, por exemplo, observa que no drama pessoano, tal como no teatro de Beckett, "os personagens não podem existir uns sem os outros, pois talvez sejam diversas facetas de um personagem único", e associa essa característica ao "fato de a peça ter sido escrita antes da criação heteronímica".[2] Tal associação reforça a idéia, atrás assinalada, de que *O Marinheiro* pode conter uma síntese provisória da problemática que, nos anos seguintes, a poesia pessoana se incumbirá de desdobrar. É esta a hipótese que pretendo desenvolver no presente apontamento, na expectativa de que seja possível surpreender, aí, algum nexo ainda inexplorado do processo heteronímico, em seu nascedouro: Pessoa *in nuce*.

O tema que julgo merecer atenção maior é o das relações entre masculino e feminino, tal como o sugere o confronto entre, de um lado, a ficção interna do marinheiro, *homem* perdido numa ilha deserta, e, de outro, as *veladoras*, figuras "reais", ao mesmo tempo criadoras e criaturas. Vejamos como se nos apresenta o "quadro", desde o início.

Três donzelas se reúnem num "quarto que é sem dúvida num castelo antigo",[3] com o propósito de velar uma quarta donzela, morta. A partir daí desenrola-se uma conversação inquieta, ansiosa, verdadeiro solilóquio a três, cuja motivação obsessiva é o *passado*, individual ou comum, que cada veladora tenta recuperar pela lembrança. Conforme o demonstrou, e

---

[2] "O marinheiro e o teatro do absurdo" (v. nota anterior), pp. 497, 498.
[3] F. Pessoa, *Poemas dramáticos,* Lisboa, Ática, 1966, p. 37. Nas citações que seguem, será utilizada a mesma edição, indicando-se entre parênteses o número da página.

com argúcia, Maria de Fátima Marinho, esse é o motivo aparente, que apenas encobre a razão profunda de as donzelas estarem ali, a falar. O motivo essencial, embora praticamente ausente na superfície do texto, mas dominante nos seus interstícios, seria *a morte*. O fato de estarem as três na presença da "donzela de branco", morta, faz que a cada uma delas ocorra o medo da própria morte, de imediato reprimido. A repressão e o medo transparecem na aflição quase histérica com que as falas das três vão erguendo lembranças do passado para, de pronto, destruí-las, por meio de implacável jogo dialético. Medo, aflição, ansiedade, insegurança: tudo isso reveste a forma de um relativismo exacerbado, obcecadamente dubitativo, que resulta na indistinção, mas não no aniquilamento, das categorias temporais, o que conduz à perda da noção de real.

– Falemos, se quiserdes, de um passado que não tivéssemos tido.
– Não. Talvez o tivéssemos tido... (p. 38)
– Não dizíamos nós que íamos contar o nosso passado?
– Não, não dizíamos. (p. 40)
– Ainda há pouco, quando eu não pensava em nada, estava pensando no meu passado.
– Eu também devia ter estado a pensar no meu...
– Eu já não sabia em que pensava... No passado dos outros talvez... (p. 42)
– Há alguma razão para qualquer coisa ser o que é? Há para isso qualquer razão verdadeira e real como as minhas mãos?
– As mãos não são verdadeiras nem reais... São mistérios que habitam na nossa vida... (p. 42)

Tomadas de espanto diante do medo da morte, as donzelas buscam apegar-se ao seu oposto, a vida, no encalço de firmar a certeza de que, ao contrário da quarta donzela, no caixão, as três continuam bem vivas. Com isso, tentam afastar do espírito esta outra certeza, já intuída, de que só não estão mortas *ainda*, mas estão de fato a morrer, naquele sentido que leva Heidegger a definir o homem como "ser-para-a-morte".

O modo como o fazem é tão revelador quanto os conteúdos e conotações que aí podemos detectar. Cada uma das donzelas fala de si mas dirige-se às outras, evidenciando a necessidade imperiosa, comum às três, de ouvinte ou interlocutor. Em seu afã de apreender, se possível agarrar com as mãos, a essência do próprio ser, cada qual se projeta e se dispersa na relação com o Outro. Nenhuma delas parece admitir a concentração exclusiva em si mesma como caminho para a posse da ipseidade. Para as veladoras, o Eu é entidade carente de autonomia e independência, vivendo sempre dos laços que estabeleça com o Não-eu. Qualquer coisa como se no subconsciente de cada uma delas pairassem os versos famosos que Sá-Carneiro estaria a conceber, enquanto Pessoa escrevia o seu "drama estático":

> Eu não sou eu nem sou o outro,
> Sou qualquer coisa de intermédio:
>   Pilar da ponte de tédio
>   Que vai de mim para o outro.[4]

Assim, as falas das veladoras indicam o rumo do ser-em-situação, imerso na precariedade e finitude do vir-a-ser – "être-pour-les-autres", como diz Sartre. O resultado é a perda da identidade, é o Eu que se percebe como apenas parte de um emaranhado de fios, que o entrelaçam ao mundo de fora:

> – Não sentis tudo isto como uma aranha enorme que nos tece de alma a alma uma teia negra que nos prende? (p. 60)

Esse entrelaçamento parece decorrer da contraditória necessidade de um ouvinte para o solilóquio (cada qual atada às outras duas e à morte no caixão), na situação de momento,

---

[4] Mário de Sá-Carneiro, *Poesias*, Lisboa, Ática, 1953, p. 94.

mas decorre também da presença dominante das figuras femininas (mãe, irmã etc.) nas lembranças ou divagações que elas empreendem em relação ao passado. Enredado feminino? Mulheres que se entrelaçam a outras mulheres, excluindo do espaço aí representado o elemento masculino, tal como excluem o verdadeiro motivo de suas inquietações, a inevitabilidade da morte?

Abaladas pelo espectro de Thánatos, mergulhadas no real caótico gerado pelo poder persuasivo e diluidor das palavras, as veladoras chegam ao limiar da indistinção entre Ser e Não-ser. Mas as falas prosseguem, ainda mais ansiosas, diante da evidente dispersão do Eu no contexto circundante, um contexto que *é* o Eu, ao mesmo tempo em que não o é mais, pois já é, concomitantemente, o Outro. A aceleração da ansiedade, que leva a esse limiar, ocorre momentos antes da ficção do marinheiro e coincide com a primeira aproximação do sentimento da morte (a segunda virá após o parêntese da ficção). Conforme é vivenciado nas falas das donzelas, o sentimento da morte corresponde, em cada uma, à perda de si, ou antes, à consciência de que nenhuma delas jamais esteve na posse de algo como um "si mesmo", a consciência de que o Eu é só um amontoado de fragmentos – "uma série de contas-entes ligadas por um fio-memória",[5] como dirá Álvaro de Campos. Não haveria aí um paralelo com a relação ilusória usualmente estabelecida entre o ortônimo, falso "Ele-mesmo", e os heterônimos? Tal como acontece às veladoras, a ficção heteronímica, aí incluído o ortônimo, é simultaneamente o Outro e o Mesmo, não havendo um núcleo "verdadeiro", como aparenta ser a simulação de um Pessoa "ele-mesmo", que se instalasse aquém da ficção.

Isto posto, atente-se no excurso preambular com que a segunda veladora dá início à sua história do marinheiro:

> Um dia que eu dei por mim recostada no cimo
> frio de um rochedo, e que eu tinha esquecido que

---

[5] F. Pessoa, *Poesias de Álvaro de Campos*, Lisboa, Ática, 1958, p. 249.

tinha pai e mãe e que houvera em mim infância e outros dias... (p. 47)

Temos aí, de saída, a imagem do "rochedo", a sugerir solidez, firmeza, estabilidade, em vivo contraste com a imagem que cada uma das veladoras faz de si, isoladamente, ou do conjunto sem individualidades diferenciadas, que elas formam: o rochedo é o seu oposto e o seu anteparo. Em seguida, vem a clara idéia de *libertação*: a obsessão pela origem ("pai e mãe") e o peso inútil do passado ("infância e outros dias") são *esquecidos*, vale dizer anulados, para que o sujeito narrador, dono da palavra e portanto de todo real possível, encontre a situação ideal da auto-identidade exclusiva e absoluta, a ipseidade com base na qual o Eu é apenas Eu, soberano.

No espírito da veladora que narra, o que dá origem à história do marinheiro é esta sugestão de uma consciência livre, apta a entrar na plena posse de si mesma, para além da "teia negra que [a] prende" às demais. A ficção em torno do marinheiro é desencadeada por este ultra-sonho de um Eu sem história e, portanto, milagrosamente livre. E livre para quê? Para sonhar, para evadir-se inteiramente da realidade; para tentar realizar aquilo que, no caso das donzelas, o mergulho nas circunstâncias do real transforma em perda e irrisão: *firmar a certeza de estar vivo*. Por isso, a história do marinheiro, ainda antes de ser contada pela segunda veladora, ganha de imediato a adesão entusiasmada das outras duas: todas se reconhecem na situação-limite aí anunciada, a utopia do ser que faz tábula rasa de sua ascendência e se desgarra das contingências que o oprimem e dispersam, para sonhar a posse integral de si mesmo.

Em meio à vertigem e à exasperação de suas falas afiadamente analíticas, as veladoras acabam por engendrar o conto de um marinheiro náufrago, numa ilha deserta, isto é, o homem sem companhia, sem interlocutores, a sós consigo mesmo, vale dizer a realização de um ideal que, para as donzelas, constitui a mais absoluta impossibilidade. Digamos que esse marinheiro representa a projeção do anseio latente nas falas das três, até aí. Mas o que é ardentemente procurado por elas, ao marinheiro simplesmente *acontece*, como aquela "verdade" de que fala Caeiro:

> Foi isto o que sem pensar nem parar
> Acertei que devia ser a verdade
> Que todos andam a achar e que não acham,
> E que só eu, porque a não fui achar, achei.[6]

A ilha do marinheiro é um espaço mágico, promessa de privacidade, isolamento e recolhimento, em oposição ao espaço comum e devassado, ocupado pelas veladoras, em permanente convívio com seus fantasmas e recordações. Isolado na ilha deserta, e como "não tinha meio de voltar à pátria", o marinheiro decide, para ocupar as horas vazias, imaginar uma "pátria que não tivesse tido" (p. 48). Trata-se de um impulso evasionista, portanto, à semelhança do que vinha ocorrendo às donzelas. Para o marinheiro, no entanto, o seu sonhar com outro passado e outra origem é atividade perfeitamente *gratuita*, ao contrário do devanear das veladoras, *interessado* em esclarecer e apreender a realidade. Para o marinheiro, sonhar não se ergue a partir da realidade presente, a ilha em que se encontra, nem da realidade passada, a sua pátria "verdadeira", mas é algo inteiramente divorciado de qualquer realidade: pura fantasia. Por isso, a pátria por ele sonhada não vai resultar em mescla e indistinção entre sonho e realidade; para ele, a pátria fictícia acabará por substituir a anterior, porque, uma vez sonhada como todo coeso, e não como fragmentos, essa outra pátria se tornará mais palpável e consistente, isto é, mais carregada de significado, do que a pátria de origem.

Nítida projeção do anseio maior, ocultamente sonhado pelas veladoras, o marinheiro simboliza a utopia do ser que escolhe a sua origem, escolhe o pai e a mãe que desejaria ter, escolhe, em suma, todas as circunstâncias da existência, acomodando-as a si, em lugar de se subordinar a elas:

---

[6] F. Pessoa, *Poemas de Alberto Caeiro,* 3ª ed., Lisboa, Ática, 1958, p. 68.

> Pôs-se a fazer ter sido sua uma outra pátria, uma outra espécie de país com outras espécies de paisagens, e outra gente, e outro feitio de passarem pelas ruas e de se debruçarem das janelas... Cada hora ele construía em sonho esta falsa pátria [...]
>
> Durante anos e anos, dia a dia, o marinheiro erguia num sonho contínuo a sua nova terra natal... Todos os dias punha uma pedra de sonho nesse edifício impossível... Breve ele ia tendo um país que já tantas vezes havia percorrido. (pp. 48-49)

Há vários pontos em comum, sem dúvida, entre a atitude do marinheiro náufrago e a das veladoras, centradas que estão na prevalência do sonho sobre a realidade. Mas cumpre destacar as diferenças. As donzelas mergulham na realidade e não conseguem senão diluí-la, por impregná-la de dubiedade. Daí provém a confrangedora sensação de desamparo e impotência, por elas experimentada, próxima aliás do pensamento anotado nas *Inscriptions*: "Life lived us, not we life".[7] Já o marinheiro, em vez de mergulhar na realidade, afasta-se dela e coloca-a husserlianamente entre parênteses. Resulta daí que a realidade, para ele, perde a vigência e o poder de condicionar e subjugar, o que faculta ao marinheiro erguer uma visão de mundo una e coesa, não fragmentada, totalizante: esta sua pátria imaginária, que pode então ser conhecida nos mínimos desvãos, tornando-se-lhe incomparavelmente mais familiar que a outra, isolada entre parênteses. Tal visão, embora fictícia ("Mas o que não é ficção?", perguntam não só as donzelas, mas toda a poesia pessoana), permite-lhe deixar de ser mera partícula perdida num todo absurdo e incompreensível, para tornar-se senhor e governo de um universo organizado, docilmente submetido a seus desígnios.

O marinheiro gera sua própria origem, ao contrário das veladoras, que a procuram fora de si, mas através da memória, perdendo-a (e perdendo-se) num errático pensamento que a

---

[7] F. Pessoa, *Poemas ingleses*, Lisboa, Ática, 1974, p. 120.

tudo dilui em ceticismo. Ao processo da autognose, um dos núcleos da indagação pessoana, acrescenta-se o sentido simbólico da autogênese: penso e, pensando, crio-me; logo, existo. A história do marinheiro parece insinuar que aí residiria a única possibilidade de o real fazer algum sentido: há que inventá-los a ambos, ao real e ao sentido que este possa abrigar. Fora daí, como assevera o poeta no primeiro dos *35 Sonnets*,

> We are dreams of ourselves, souls by gleams,
> And each to each other dreams of other's dreams.[8]

Mergulhadas no ceticismo em que se enredam, as veladoras admitem:

> – Tudo o que acontece é inacreditável, tanto na ilha do marinheiro como neste mundo... (p. 56)
> – Por que não será a única coisa real nisto tudo o marinheiro, e nós e tudo isto aqui apenas um sonho dele? (p. 57)

No ultra-sonho do marinheiro, as veladoras enxergam, ou antes constroem, o Outro, o absolutamente Outro, negação de tudo quanto elas são, ou afirmação de tudo quanto desejariam ser, e este jogo especular, supremo esforço de atribuir um sentido abrangente à realidade, passa também pela agregação da metade faltante, masculino x feminino, *animus* contraposto a *anima*. E esse sentido, qual seria? Porta que se abre para outra porta que se abre para outra porta... A realidade aparece, afinal, como um infindável sonho, que se desdobra em sucessivos sonhos, sempre outros mas sempre o mesmo. Assim com as donzelas, que sonham o marinheiro para nele se reproduzirem, podendo então ver, na ficção criada, o mesmo e o outro.

Por isso o "drama estático" pessoano (estático enquanto ação física, inexistente, com suas figuras congeladas, mas não

---
[8] *Poemas ingleses*, ed. cit., p. 156.

enquanto progressão psíquica e ideativa) atinge o seu clímax quando as donzelas, crispadas, aterradas diante do abismo, vivenciam efetivamente a impossibilidade de conhecer – como virá a dizer Álvaro de Campos:

> Perante esta única realidade terrível – a de haver uma reali-
> [dade,
> Perante este horrível ser que é haver ser,
> Perante este abismo de existir um abismo,
> Este abismo de a existência de tudo ser um abismo,
> Ser um abismo por simplesmente ser,
> Por poder ser,
> Por haver ser.[9]

E tal clímax ocorre quando a luz do dia se avizinha, para se contrapor à noite de trevas durante a qual o percurso se deu. Luz e trevas: antinomia irreconciliável, tal como é impossível a harmonização entre masculino e feminino (faces complementares e antagônicas, vestígio inútil do Andrógino primordial, caminho para a Unidade inatingível), conforme sugere o abismo que medeia entre as donzelas e o seu marinheiro. Uma harmonização, de resto, buscada de variadas formas no restante da poesia pessoana, onde mais de um crítico viu, com justa razão, como Jorge de Sena, "a *noche oscura* do sexo, o deserto da privação absoluta".[10]

O Marinheiro: Pessoa *in nuce*.

---

[9] F. Pessoa, *Poesias de Álvaro de Campos*, ed. cit., p. 93.
[10] J. de Sena, "O heterônimo Fernando Pessoa e os poemas ingleses que publicou", introdução a F. Pessoa, *Poemas Ingleses*, ed. cit., p. 31.

A ficção em Pessoa

"O sentido fragmentário dos contos de Fernando Pessoa",
Um Século de Pessoa, 1988.

Para além do seu caráter fragmentário, inacabado, um dos aspectos mais salientes da prosa de ficção criada por Fernando Pessoa (das facetas menos conhecidas, aliás, de sua obra poliédrica), é a ausência, aí, de personagens propriamente ditas: são pouco mais que nomes, acrescidos de uns dados de circunstância, que mal permitem supor um espaço e um tempo determinados. Paradigmática é a figura de Manuel Peres, tal como nos é apresentada nas primeiras linhas de "O conto do Vigário":

> Vivia há já não poucos anos, algures, num concelho do Ribatejo, um pequeno lavrador, e negociante de gado, chamado Manuel Peres Vigário.
> De sua *qualidade,* como diriam os psicólogos práticos, falará o bastante a circunstância que dá princípio a esta narrativa.[1]

Segue-se a fabulação e o narrador nada acrescentará a este sumário retrato do protagonista. Ação e enredo, por seu lado, ficarão ainda aquém do esboço, só o estritamente necessário

---

1 F. Pessoa, "O conto do vigário", *Almas e estrelas*, org. Petrus, Porto, Arte & Cultura, s.d., p. 115.

para que a densa abstração, a verdadeira matéria de que se forma o conto, mantenha algum vínculo com o mundo concreto – ou com a "realidade plausível", como diria Álvaro de Campos. O que interessa ao narrador, nesta e na maioria das peças ficcionais pessoanas, é o gesto; mais do que o gesto, o seu significado implícito; mais do que o significado do gesto, a possibilidade de universalizá-lo pelo filtro raciocinante e pela reflexão generalizadora.

Personagens reduzidas a pouco mais que nomes, circunstâncias ambientais sumaríssimas, um mínimo de eventos e articulação episódica: tudo isso resulta na rarefação dos ingredientes convencionais da prosa narrativa. Pessoa ficcionista menos conta histórias do que se reporta a casos, dos quais sugere apenas alguns elementos propiciadores de exercícios lógico-especulativos, do tipo explanatório. Mais do que prosa de ficção, os contos de Fernando Pessoa são outra via de acesso à literatura de idéias. Ao poeta não atrai reconstituir a realidade fenomênica, como faz qualquer contista, mas constituir, aparentemente a partir dela, por via dedutiva, um universo paralelo de abstrações e conceitos, uma rede de inferências lógicas fortemente entrelaçadas, auto-suficiente, que se erige em fundamento de realidade. Trabalho de detetive, afinal. Tarefa de um Padre Brown versado em epistemologia.

Aí se manifesta o pendor mais acentuado do processo criador pessoano, em todas as suas facetas, quer se trate de ensaísmo, de prosa de ficção ou até mesmo de poesia. Por esse caminho, que implica a desconsideração da realidade empírica, a especulação ideativa levada a efeito não tem como escapar do autotelismo nominalista. Quem o assume, abertamente, é o Tio Porco, personagem de outro conto: "O que vemos ou ouvimos, ou de qualquer modo percebemos, percebêmo-lo através de uma rede complexa de preconceitos".[2] Se escapar do autotelismo, não escapará do dogmatismo, obcecado com a

---

[2] F. Pessoa, "Janela estreita", *Obra em prosa*, org. Cleonice Berardinelli, Rio de Janeiro, José Aguilar, 1974, p. 683.

coerência interna e o caráter sistemático do próprio pensamento, como vemos na seqüência da explanação desse mesmo *causeur* habilidoso:

> O defeito central da inteligência filosófica é objetivar-se, ou antes, objetivar o que não é senão o seu método, quer atribuindo às abstrações de que forçosamente se serve um caráter de "coisas", quer atribuindo ao decurso das coisas aquela regularidade, aquela lógica, aquela racionalidade que são forçosamente pertença do raciocínio, mas não daquilo sobre o que se raciocina.[3]

O resultado insatisfatório dessas duas vias, que ele chama, respectivamente, "inteligência científica" e "inteligência filosófica.", leva o Tio Porco a opor a ambas, como única forma de superar o erro de substância, o que ele denomina "inteligência crítica do tipo intelectual". E como opera essa inteligência crítica? Tal inteligência, esclarece ele, "determina as falhas das outras duas inteligências, e depois de as determinar constrói, reelabora o argumento delas, restitui-o à verdade onde ela nunca esteve".[4]

Essa classificação hierárquica das espécies de inteligência parece servir de autodefinição e justificativa não só para esse investigador das "coisas", que é o protagonista do conto "Janela estreita", mas para o próprio Fernando Pessoa. Tal como o Tio Porco, o poeta assume também, em todas as facetas de sua obra, a postura contemplativa, exacerbadamente analítica e intelectualizada, do espírito que, incapaz de agir, oscila entre a perplexidade curiosa e o desencanto irônico. De outro lado, essas espécies de inteligência, tão sibilinas, circunscrevem o problema fundamental do conhecimento, que igualmente perpassa, muitas vezes de forma explícita, quer como conhecimento do mundo, quer como autoconhecimento, toda a obra pessoana e consubstancia as soluções estéticas do seu processo criador.

---

[3] Idem, p. 685.
[4] Idem, p. 685.

Contos de raciocínio, esboços de matéria narrativa que servem de mote a enovelados enredos conceituais, lógico-dedutivos, a prosa de ficção pessoana (à exceção talvez de "O conto do vigário", "A pintura do automóvel" e da breve semi-fábula que é "A rosa de seda") se inscreve na tradição do diálogo filosófico, cujo modelo primordial é a conversação socrática. Com efeito, uma das obsessões intelectuais de Fernando Pessoa, pelo menos tão intensa quanto a que votou à própria literatura, foi a investigação epistemológica e ontológica. Seus contos, assim, podem ser lidos como derivativos, ou aplicações quase práticas, dos muitos escritos que dedicou à filosofia.[5] Uns e outros revelam um interesse granular, a-sistemático, pela matéria filosófica, onde desponta não a atitude impessoal do tratadista, nem o empenho do pensador original, mas a curiosidade por vezes lúdica do especulador nato, que ambiciona esclarecer ou pelo menos equacionar seu caso pessoal. Como em tudo o mais que Pessoa criou, a perquirição epistemo-ontológica embutida em seus contos resolve-se em termos de linguagem – de um lado, enquanto armação cerradamente lógica e precisa, como se seguisse abstratos modelos matemáticos; de outro, como superior realização estética.

Por isso, não é de surpreender que, ao se aventurar na prosa de ficção, Pessoa se sentisse atraído pelo gênero policial, não aquele da convenção estereotipada das aventuras rocambolescas, dos detetives de gestos teatrais e da ação abundante, mas o gênero policial intelectualizado, como o de um Chesterton e seu Padre Brown, certamente o modelo em que Pessoa se inspirou. Nessa vertente, a investigação criminalística, comandada pela "inteligência científica" de um Tio Porco, por exemplo, acaba substituída por uma sibilina sondagem filosófica em torno de verdade e erro, acontecimento e ilusão de acontecimento, realidade e linguagem, exatamente porque almeja reconstituir "a verdade" dos fatos. Tal sondagem, analiticamente dedutiva, por vezes sofismaticamente conclusiva, é

---

[5] F. Pessoa, *Textos filosóficos*, org. Antônio de Pina Coelho, Lisboa, Ática, 1968, 2 vols.

guiada por aquela "inteligência crítica do tipo intelectual", e não pela sistemática observação das "coisas" e dos acontecimentos. É que só essa espécie de inteligência, como afiança este outro *causeur* não menos habilidoso que é o dr. Quaresma, personagem de outro conto, será capaz de alçar-se às "esferas mentais superiores". A vocação detetivesca, em suma, nas mãos de Fernando Pessoa, transforma-se em útil instrumento e preciosa metáfora da investigação epistemológica.

Com efeito, o núcleo episódico de todo conto policial, centrado na especulação em torno do que teria "de fato" acontecido na cena do crime, oferece ao narrador ou às personagens criadas por Pessoa, de imediato, matéria certeira para essa investigação, permitindo-lhe tramar uma rede sutil de deduções e inferências, a partir da polarização dicotômica entre o "real por fora" e o "real por dentro" a que se refere o Álvaro de Campos da "Tabacaria". Assim, não é de surpreender, também, que um de seus contos, "O vencedor do tempo", abdique até mesmo daqueles poucos indícios de cenário e fabulação mínima, para mergulhar numa árdua e rarefeita elucubração ontológica:

> O ser, para ser outro, tem de ser não-ser. Por isso a verdade para ser humana tem de ser erro.
>
> Mas o não-ser como existe? Só para o pensamento que o pensa *como sendo não-ser*. O não-ser é *o não-ser*; tem um ser, que é o do não-ser; pertence ao *ser*, portanto.
>
> O não-ser existe, é, *como não-ser*. Pensado como não-ser, existe, porque como não-ser é pensado. Mas, para além deste pensamento *não é*, porque é *não-ser*. Não nos é possível pensar o não-ser como não sendo, porque pensar é *fazer ser*, e portanto pensar o não-ser é fazê-lo ser, como não-ser.[6]

---

[6] F. Pessoa, *Obra em prosa*, ed. cit., p. 709.

O caráter fragmentário e inacabado da maior parte dos contos de Pessoa, e o fato de terem sido escritos por um poeta de gênio, de certo modo inibem a avaliação crítica: estarão eles, enquanto realização estética, à altura da poesia do autor? O que se pode dizer é que o fragmentarismo dos contos não é um caso à parte, apenas reproduz as modalidades de um processo criador propenso à granularidade e à dispersão, comum ao restante da obra. O que parece incontestável é que nosso entendimento da poesia pessoana se enriquece consideravelmente quando tomamos ciência de que pelo espírito do poeta passaram também as instigantes perquirições filosóficas desses contos "policiários", como ele os chamou. Alguma luz eles lançarão na direção da poesia – esse universo igualmente fragmentário, criado por (ou em) Caeiro, Campos, Reis e o resto da família heteronímica. Mas não é só aí que reside o interesse pela prosa de ficção pessoana.

Não obstante a marca muito portuguesa de quase todos os ambientes que se adivinham nos seus contos (a grande propriedade rural, uma perdida taberna da periferia, a classe média lisboeta, a Baixa pombalina etc.), respira-se aí, do ponto de vista espiritual, uma atmosfera cosmopolita afim da que se encontra em boa parte da literatura inglesa do período vitoriano e pré-rafaelista. Refiro-me ao gosto do paradoxo e da excentricidade, como num Bernard Shaw ou no já mencionado G.K. Chesterton; à atração do gótico repugnante, como num E.A. Poe; ao culto das superiores qualidades do espírito e ao esteticismo refinado, como num Oscar Wilde – e estes poucos exemplos bastam. A literatura inglesa desse período, a que Pessoa teve acesso nos anos vividos em Durban, ajuda a compor uma imagem da sobranceria imperial, muito britânica, auto-imagem de uma civilização que olha do alto a barbárie alheia.

Os contos pessoanos talvez traduzam, obliquamente, o sonho patriótico do jovem Pessoa, que recebeu sua formação básica na África do Sul, entre 1895 e 1905. Se a altivez imperial britânica, nesse momento, com a atmosfera que a acompanha, forneceu-lhe certo clima espiritual, presente nos contos, forneceu-lhe também um dos modelos a que ele procurou adaptar o seu sonho de uma superior nação portuguesa, ideal perseguido a vida toda e consubstanciado em *Mensagem*. Adaptados à pátria decadente, à qual o poeta retorna ainda jovem, esse ideal e esse clima parecem assumir, nos seus contos "policiários", mas não só, a forma de uma sutil reflexão em torno do *ponto de vista* capaz de atribuir à realidade empírica a dimensão que lhe convinha, que é quase nenhuma, permitindo que o ideal se lhe sobreponha. Mas voltemos ao caráter fragmentário dos contos.

Polarização, ambigüidade, relativismo: já de si fragmentos, os esboços de narrativa criados por Pessoa dão livre curso a um tipo de reflexão fragmentadora, que pulveriza todas as certezas, a exemplo do que se passa no restante da obra, em que a aparência de verdade é sempre reduzida a fragmentos que se repelem, à procura da impossível coesão. E aqui, sim, enfrenta o crítico uma dúvida de monta. Todo esforço de interpretação literária só parece bem-sucedido quando resulta em visão de conjunto, visão de um todo organizado, como se compreender e abranger fossem a mesma coisa; como se fosse impossível compreender partes de um problema ou como se o problema sequer se nos mostrasse como tal, antes de lhe divisarmos o todo. Nosso esforço parece condenado a caminhar no encalço da coesão, e por isso corremos o risco de encontrá-la onde ela não está e nunca esteve – como a "verdade" do Tio Porco. Não disponho senão de fragmentos, preenchemos os interstícios com uma matéria que ali admitimos subentendida e o resultado é um conjunto e um sentido quem sabe mais nossos que da obra. O fragmentário tende a ser visto, por nós, como atributo de escritos provisórios, que assim se apresentariam porque o autor, podendo completá-los, teria deixado de o fazer. Mas a dúvida pode levar-nos a admitir que não é bem assim. O fragmentário em Pessoa talvez não seja mera contingência mas a fixação definitiva de um modo de ver e de ser. Fragmentários os contos, fragmentário e fragmentador o espírito que os anima, como à obra toda, porque fragmentário é o universo de que essa obra premeditou ser a metáfora abreviada. Desfragmentando-a, compartimentando-a em volumes fechados e ordenando-a numa seqüência arbitrária, que o poeta mal chegou a imaginar, livramo-nos de um incômodo, mas abdicamos de compreendê-la à sua medida, impondo-lhe a nossa.

Buraco negro

"Fernando Pessoa: o buraco negro", revista *Leia*, 1985.

Dentre as inúmeras questões suscitadas pela poesia de Fernando Pessoa, uma das mais intrigantes continua a ser, desde sempre, a dos heterônimos. A palavra é antiga. "Heterônimo", ensina o velho Aurélio, é "outro nome, imaginário, que um homem de letras empresta a certas obras suas, atribuindo a esse autor, por ele criado, qualidades e tendências próprias, diferentes das do criador". Antes de Pessoa, a palavra existia, mas só depois que o poeta fez dela um uso muito apropriado é que passou a ser entendida nessa acepção e se tornou moeda franca. Alberto Caeiro, Ricardo Reis e Álvaro de Campos possuem de fato características próprias, "diferentes das do criador". E esse "criador" não deve ser confundido com Fernando Pessoa "Ele-mesmo", que, apesar de não possuir "outro nome", é um autor tão imaginário quanto aqueles três. A dificuldade não está nos heterônimos (todo poeta cria o seu, ainda que não o saiba) mas nesse pseudo-ortônimo, pista falsa lançada por Pessoa.

É preciso reconhecer, de saída, que os heterônimos pessoanos constituem um formidável exercício de imaginação sistemática, muito diversa da mera e arbitrária fantasia. Exercício semelhante àquele praticado pelo romancista ou o dramaturgo, os heterônimos são como personagens de um enredo ou ação inexistente – personagens, caracteres ou *personae*, que proferem seus monólogos, suficientes para fornecer ao leitor o perfil individualizado de uma personalidade. O enredo ou drama de que essas figuras fariam parte corre por conta da imaginação de quem lê, conforme atesta, por exemplo, o romance de José Saramago, *O Ano da Morte de Ricardo Reis*,[1] construído a partir das odes desse heterônimo e dos "dados biográficos" fornecidos por seu criador.

Leitores e críticos tendem a encarar esses perfis individualizados como entidades autônomas. Todos sabemos das preferências subjetivas, quando não o interesse exclusivo, de muitos leitores, por este ou aquele heterônimo. Além disso, boa parte da bibliografia sobre Fernando Pessoa é de fato constituída de monografias parciais, em torno de Campos ou Caeiro, Reis ou a *Mensagem* e assim por diante. Daí resulta, obviamente, a perda da visão de conjunto. Essa aproximação fragmentadora, que tende a isolar cada heterônimo num compartimento estanque, abre mão da hipótese sedutora que é considerar a ficção heteronímica como um todo, regido por algum princípio de coesão interna, e não pela arbitrária justaposição de máscaras independentes.

Que os heterônimos não constituam compartimentos estanques evidencia-o a existência de múltiplas relações, vasos comunicantes entre eles, seja por via das afinidades, seja por via dos contrastes. Pessoa criou os heterônimos como quem forja a sua *family romance*,[2] fazendo que a família heteronímica fosse constituída de mestre e discípulos, influências e interinfluências, contrastes e semelhanças; expedientes comuns, críticas, elogios, explicações várias; todo um "sistema" literário, enfim. Em vez de assinalar sua filiação a determinados mestres (Shakespeare, Camões, Goethe), nosso poeta inventa o seu mestre Caeiro, de quem Pessoa Ele-mesmo e os demais são os discípulos, levando-nos a crer que ele é o seu próprio

---

[1] Lisboa, Editorial Caminho, 1984.
[2] Expressão empregada por Harold Bloom (*The anxiety of influence*, London, Oxford University Press, 1979) para designar o *background* literário de todo escritor de gênio.

mestre, descende de si mesmo, não tem ascendentes. Bloom veria aí a "ansiedade da influência", que leva todo grande poeta, por maior que seja, a esconder ou minimizar sua dependência em relação aos antecessores.

Tal quadro nos obriga a pensar nos heterônimos como processo dinâmico, não como arranjo estático, já porque não são apenas os quatro até aqui mencionados, mas muitos mais: António Mora, Bernardo Soares, Caio Pacheco, Alexander Search e tantos outros, sempre em permanente gestação automultiplicadora. É nessa idéia que pretendo deter-me, a partir de sua formulação mais simples: a seqüência de leitura. A primeira edição da poesia pessoana, nos anos 40, escolhe uma ordem arbitrária, endossada *mutatis mutandis* pelas subseqüentes. A ordem escolhida por João Gaspar Simões e Luís de Montalvor, para a edição da Ática, principia por Pessoa Ele-mesmo e depois segue com Álvaro de Campos, Alberto Caeiro, Ricardo Reis, *Mensagem*, *Poemas Dramáticos* etc. Inútil procurar nessa ordenação qualquer critério firme, justificável, e menos ainda o *referendum* da vontade do autor, sempre hesitante, em vida, a respeito da publicação da própria obra. Essa ordem é arbitrária e já encaminha, veladamente, uma interpretação.

Parece evidente (embora a questão nunca tenha sido discutida com o necessário rigor) que qualquer interpretação da poesia pessoana implica a adoção de um critério ordenador das partes que a constituem. Em outras palavras, adotada uma seqüência de leitura (essa atrás referida, por exemplo, que é a predominante), já temos aí uma interpretação subentendida. O leitor é imperceptivelmente instado a considerar o ortônimo como ponto-chave, ou ponto de origem, do qual partem, mas em posição secundária, os heterônimos, em desdobramentos sucessivos. Houve até quem chamasse àquele o "Eu profundo", e a estes, os "outros Eus", o que constitui evidente falácia. Ainda que o leitor não se dê conta, será induzido a endossar uma interpretação arbitrária.

Não é impunemente que entramos em contato nesta ou naquela ordem com as muitas facetas da poesia pessoana. A sequência de leitura que escolhermos, ou aceitarmos, poderá condicionar nossa compreensão do conjunto. Não creio que exista uma ordenação ideal; só o próprio Pessoa, se tivesse chegado a isso, poderia dá-la a conhecer. Suponho que haja várias ordens plausíveis para a obra fragmentária, instável, *in progress*, deixada pelo poeta. Mas não tenho dúvida em admitir: essa ordem, qualquer que seja, deverá ser estabelecida conscientemente pelo leitor ou pelo intérprete, para além da inércia e do comodismo de aceitar a ordenação proposta por qualquer edição. Com o intuito de encaminhar a discussão do problema, gostaria de adiantar aqui uma hipótese.

O ângulo a partir do qual essa hipótese pode fazer sentido é o da história da Cultura. Meu pressuposto é de que toda a experimentação literária empreendida por Fernando Pessoa é pós-moderna *avant-la-lettre*, já que carrega a marca inconfundível do retorno às fontes tradicionais, próximas ou distantes. Proponho situar a ficção heteronímica num amplo quadro de referências históricas, começando por verificar que Pessoa é um poeta *fin-de-siècle*, não só pelas marcas estéticas e estilísticas que esse período imprimiu em sua poesia, mas sobretudo pelas conotações de fim dos tempos, degenerescência, decadência (Nietzsche? Max Nordau? Oswald Spengler?). Respira-se na obra de Fernando Pessoa a atmosfera comum a toda uma época – a passagem do XIX para o XX –, quando se vivia ou julgava-se viver o estágio final de uma civilização exaurida.

Daí o irresistível apelo que sobre seu espírito exerce a palavra de ordem de Marinetti, em 1909:

> Estamos assentados no último promontório dos séculos!... Por que deveríamos olhar para trás, quando o que queremos é arremeter contra as portas misteriosas do Impossível? Tempo e Espaço morreram ontem. Vivemos já no absoluto, porque criamos a eterna, onipresente velocidade. [...]
>
> Quando o futuro se lhes torna inacessível, o passado louvável pode ser um consolo para o moribundo, o adoentado e o prisioneiro, em seus padecimentos... Mas nós não queremos nada daí, do passado, nós os

jovens e fortes futuristas. Nós queremos destruir o passado, tudo quanto seja passado, para deixar o campo aberto à arte do futuro.[3]

É desnecessário insistir no tema das relações entre Pessoa e o Futurismo, já suficientemente explorado pela crítica, sobretudo para apontar em que medida o poeta português diverge de Marinetti. Melhor destacar o que ficou esquecido: em que medida coincidem. Mais: em que medida Pessoa assimilou, melhor do que ninguém, a iconoclastia radical do Futurismo, levando-a a uma dimensão sequer sonhada por seu idealizador. É que em Pessoa sobra o que em Marinetti e seguidores escasseia: a ironia transcendental. Isso o preservou de tomar ao pé da letra o propósito de "destruir o passado". Pessoa compreendeu, bem cedo, que romper com o passado e arremeter furiosamente "contra as portas misteriosas do Impossível" levariam de fato a "viver no absoluto", vale dizer no vazio total, no nada; e que a verdadeira destruição do passado não consiste propriamente em destruí-lo a golpes de rebeldia vulgar, picaretadas e marteladas, mas sim em reconstruí-lo, reinventando a matéria-prima fornecida por esse mesmo passado.

Marinetti pergunta, pleno de zombaria: "Por que deveríamos olhar para trás...?". Pessoa compreendeu, justamente, que só olhando para trás é que é possível seguir adiante. Se não tivesse morrido tão cedo, o criador de Alberto Caeiro precisaria esperar até a idade vetusta de quase cem anos para que este seu propósito do retorno ao passado encontrasse alguma repercussão: "O artista moderno não tem mais para onde avançar. Deve voltar atrás, ao passado e à tradição, com ironia".[4] Quem o diz, em 1984, não é nenhum conservador desencantado com a modernidade, mas ninguém menos que

---

[3] *Futurist Manifestos*, org. Umbro Apollonio, trad. norte-amer., New York, The Viking Press, 1973, p. 21-22, 23.
[4] Umberto Eco, *Postscript to The Name of the Rose*, trad. norte-amer., New York, Harcourt Brace, 1984, p. 67.

Umberto Eco, convicto defensor, em tempos idos, da vanguarda a qualquer preço.

Ora, na obra pessoana, concebida entre os primeiros anos do século e 1935, em plena efervescência das vanguardas, chama a atenção o seu caráter formalmente bem comportado. Tirante um ou outro grito histérico do Álvaro de Campos das odes justamente futuristas, acompanhados de raros palavrões e tímidas ousadias tipográficas; tirante a irreverência do "Ultimatum", manifesto político assinado pelo mesmo Campos, tudo o mais, em Pessoa, respeita o convencionalismo dos expedientes versificatórios tradicionais e das formas consagradas da língua e da gramática. No nível das formas da expressão, a poesia de Fernando Pessoa é predominantemente tradicionalista, de acordo com os moldes da convenção. Fruto do temperamento do poeta, quem sabe, mas também de uma postura ética. Logo após a aventura vanguardista de *Orpheu*, Pessoa declara: "Passou de mim a ambição grosseira de querer brilhar por brilhar, e essoutra, grosseiríssima, e de um plebeísmo artístico insuportável, de querer *épater*".[5] Pessoa encarou com extrema desconfiança, desde o início, a rebeldia de fachada, a vontade de inovar que se limitasse às formas da linguagem, aos recursos de expressão. Sua rebeldia pretendia ir mais fundo, no encalço da subversão radical. E a novidade pela novidade jamais o atraiu. Seu ímpeto vanguardista e demolidor preferiu concentrar-se em "olhar para trás", a fim de subverter os fundamentos de toda a civilização, sem chamar demasiado a atenção para o fato.

Para chegar a isso – ironia suprema –, manteve praticamente intacta a convenção de superfície. Seu ímpeto demolidor, assim disfarçado, não encontra barreiras no espírito do leitor, sejam estilísticas, psicológicas, morais, ideológicas ou outras. Habituado às estrepolias e extravagâncias formais da primeira vanguarda, o leitor julgará, desavisadamente, que não pode haver qualquer atentado à boa norma numa poesia tão

---

[5] F. Pessoa, *Cartas a Armando Cortes-Rodrigues*, Lisboa, Editorial Inquérito, 1959, p. 73 (carta datada de 19 de janeiro de 1915).

bem comportada. E aí tem início a verdadeira demolição, a autêntica destruição do passado, como queria Marinetti. "Olhar para trás...?" Sem dúvida, mas com ironia, transcendental ironia, como só mais de meio século depois Umberto Eco veio a proclamar.

A hipótese que proponho em relação à ordenação da poesia pessoana radica nesse "olhar para trás". Daí poderemos extrair uma ordem simples e clara para o "sistema" heteronímico, uma criteriosa seqüência de leitura e uma interpretação de conjunto. Sugiro entendermos toda essa poesia como arranjo sistemático, montado em torno desse olhar para trás – um olhar livre e independente; não paródico nem carnavalesco, mas sagaz e hipercrítico, profundamente irônico. Não é, evidentemente, o olhar para trás que reverencie o passado e desdenhe o presente, mas o olhar que devassa o passado para reavaliá-lo, rever-lhe os fundamentos e trazer até o presente aquilo que deste mesmo passado tenha-se conservado vivo e atuante. Não se trata de passadismo, mas futurismo propriamente dito. Por isso, Álvaro de Campos – centro da espiral, olho do buraco negro – afirma categórico que "o presente é todo o passado e todo o futuro".

Cada faceta ou máscara da poesia pessoana é etapa de um movimento espiralado que volta ao passado e retorna ao presente: recuar para avançar. Cada circunvolução refaz a anterior, mas os extremos não se tocam: a espiral gira e todas as linhas convergem para o centro, de onde o movimento é incessantemente retomado. O recuo máximo na direção do passado, ponto de partida de nossa seqüência, é Alberto Caeiro, o falso guardador de rebanhos. Sua representação do homem que se recusa a pensar situa-o num tempo mítico, préhistórico, anterior à *ratio*, ao primado do *logos* e à dissociação Eu x Mundo. Sua face ostensiva é de placidez e serenidade, harmonia com o universo, tornado não objeto de conhecimento mas plataforma de êxtase:

Sei ter o pasmo essencial
Que tem uma criança se, ao nascer,

Reparasse que nascera deveras...
Sinto-me nascido a cada momento
Para a eterna novidade do mundo.[6]

Por trás da aparência, a ironia. No século XX, "promontório dos séculos", como diz Marinetti, essa placidez de homem natural vem a ser absoluta impossibilidade, utopia. A simplicidade de Caeiro não é a mesma das crianças ou dos selvagens, mas simples metáfora gerada por via intelectual, fruto da imaginação e do autodomínio. Não é um dom, é uma conquista, a ser sonhada pelo homem civilizado, que sofre em si o peso colossal de séculos de cultura, vale dizer a pressão insuportável de preconceitos e prejuízos, distorções e condicionamentos sem conta. Seria ingenuidade pretender "destruir" esse peso ou "romper" definitivamente com o passado, de um golpe. A consciência supercivilizada, que anima os poemas de Caeiro, sabe que tal peso não iria desaparecer, num passe de mágica, no momento em que alguém decidisse *recommencer à zero*. Mesmo que seja repudiado ou violentamente negado, o passado, com suas distorções e preconceitos, aí estará, sempre atuante. É preciso sem dúvida destruir os falsos valores que o passado lega ao presente, mas esses valores se localizam aqui mesmo, na consciência ou na memória involuntária de cada um, e não no mais-além dos tempos remotos.

Através da figura mítica do pastor Caeiro, Pessoa olha para trás e ironicamente incorpora à sua consciência o passado mítico, para exercer sobre o presente a subversão mais radical, que é reorientar o passado em direção a outro futuro, que não este, resultante da inércia e do acúmulo de preconceitos.

Mas isso (tristes de nós que trazemos a alma vestida!),
isso exige um estudo profundo,
uma aprendizagem de desaprender.[7]

---
[6] F. Pessoa, *Poemas de Alberto Caeiro,* 3ª ed., Lisboa, Ática, 1958, p. 22.
[7] *Poemas de Alberto Caeiro*, ed. cit., p. 48.

Por isso Caeiro é mestre dos demais, um mestre que não ensina conteúdos, ensina a aprender. Mais: ensina que, depois de aprender, é preciso aprender a desaprender. Por isso os discípulos guardam alguma afinidade com o mestre, mas diferem dele, e entre si. É que a aprendizagem daí decorrente será realizada à medida de quem aprende, não de quem ensina. Como todo verdadeiro mestre, Caeiro não tem, a bem dizer, nada a ensinar, exceto a possibilidade de aprender. Por isso não quer nem pode ser imitado.

O passado para o qual recua o primeiro discípulo de Caeiro, Ricardo Reis, já se localiza no tempo que é o nosso: a Roma Antiga, de Horácio e Epicuro, onde ainda persiste algum sopro de helenismo. Foi então que se ofereceu ao homem a última oportunidade de realizar o ideal representado pela placidez de Caeiro:

> Quem quer pouco, tem tudo; quem quer nada
> É livre; quem não tem, e não deseja,
>   homem, é igual aos deuses.[8]

Logo em seguida ao momento histórico ironicamente retomado pelo heterônimo das odes horacianas, dá-se o advento do Cristianismo (Cristismo, como diz Ricardo Reis), mal de todos os males, na visão desse moderno "pagão inocente da decadência". Por quê? Porque o Cristianismo introduz o tempo mítico no tempo histórico, baralhando-os, com seu Deus que é divino e humano ao mesmo tempo, e porque obriga a dimensão do sagrado a transitar pela consciência e o foro íntimo de cada indivíduo, fonte de todo subjetivismo e toda desagregação. O ponto de vista adotado por Reis não é, evidentemente, o de quem reverencie o epicurismo e o sereno *carpe diem* horaciano. Se Caeiro é um falso pastor, Reis é um falso árcade: sua volta ao passado se dá com os olhos fitos no presente e funciona como diagnóstico, não como negação da realidade contemporânea.

---

[8] F. Pessoa, *Odes de Ricardo Reis*, Lisboa, Ática, 1959, p. 114.

Evidencia-o, por exemplo, a afinidade entre seu pensamento "anticristista" e algo muito semelhante, em Nietzsche, embora a "vontade de potência" e a defesa do super-homem, deste último, estejam mais para Marinetti ou Álvaro de Campos do que para Ricardo Reis. Num mundo esvaziado de deuses e verdades, mas empenhado na corrida desenfreada atrás de outros deuses e verdades inencontráveis, Pessoa julga não haver alternativa senão apegar-se à "consciência lúcida e solene, / das coisas e dos seres", ao "orgulho de ver sempre claro / até deixar de ver".[9]

Ver claro: consciência, lucidez. Fica evidente, aí, a postura passiva e contemplativa a partir da qual se engendra a visão pessoana. Essa postura é transmitida, tal qual, por Caeiro a seus discípulos, e só chega a sofrer alguma (aparente) mudança em Álvaro de Campos, o único da família a padecer de uns breves ataques de histeria e rebeldia ostensiva. Talvez resida aí mesmo, aliás, um dos segredos da ironia pessoana: a quase total ausência de ostentação em sua rebeldia radical.

É exatamente nesses termos, sem qualquer rebeldia ostensiva, que Fernando Pessoa Ele-mesmo empreende sua viagem de volta ao passado nacional, não só na faceta patriótica da *Mensagem*, vinculada aos fatos históricos da expansão portuguesa e da decadência pós-sebastianista, mas também na faceta intimista do *Cancioneiro*, poesia subjetiva, introspectiva, que retoma o veio mais característico da tradição lírica lusíada. Amante das brumas, dos cenários e estados de alma indecisos, o Pessoa ortônimo metrifica e rima à maneira convencional, sempre à procura da inefável musicalidade, como se pretendesse fechar o longo arco que vai dos trovadores medievais ao simbolismo. Assim como as odes de Ricardo Reis não reverenciam seu modelo horaciano, nem o pensamento que lhe diz respeito, o tradicionalismo do ortônimo está longe de reverenciar a tradição, quer esta se apresente sob a forma do lirismo sentimental, quer sob a forma do profetismo sebastianista. No primeiro, Pessoa instila o ácido corrosivo do analitismo irônico, hiperintelectualizado:

---

[9] *Odes de Ricardo Reis*, ed. cit., pp. 48, 49.

> O poeta é um fingidor.
> Finge tão completamente
> Que chega a fingir que é dor
> A dor que deveras sente.
> [...]
> Por isso escrevo em meio
> Do que não está ao pé,
> Livre do meu enleio,
> Sério do que não é.
> Sentir? Sinta quem lê.[10]

Já em *Mensagem*, o poeta introduz, no lugar do derrotismo ou do ufanismo, rosto bifronte do mito sebastianista, uma concepção antipragmática e antimaterialista da vida humana, radicada na idéia metafísica de "descontentamento" ou "febre de além", ou ainda de "loucura", essa loucura sem a qual o homem não é "mais que a besta sadia, cadáver adiado que procria". Vale dizer Pessoa instila, no seu único livro publicado em vida, uma concepção centrada na insatisfação radical, única forma de levar o homem e a sociedade à auto-superação e ao autoaperfeiçoamento:

> Triste de quem vive em casa,
> Contente com o seu lar,
> Sem que um sonho, no erguer de asa,
> Faça até mais rubra a brasa
> Da lareira a abandonar!
>
> Triste de quem é feliz!
> Vive porque a vida dura.
> Nada na alma lhe diz
> Mais que a lição da raiz –
> Ter por vida a sepultura.

---

[10] F. Pessoa, *Poesias*, 5ª ed., Lisboa, Ática, 1958, pp. 237-238.

Eras sobre eras se somem
No tempo que em eras vem.
Ser descontente e ser homem.[11]

Tal concepção, longe de ser idiossincrasia pessoana ou digressão de alcance regional, contém em si uma interpretação muito específica da vida moderna, européia, regida pelo mercantilismo, pela expansão do poder econômico e pelo acúmulo de bens materiais. Apesar do hermetismo esotérico e do recorte emblemático dos versos repletos de alusões sibilinas, a "mensagem" do Pessoa ortônimo é simples e direta: só a loucura, daquela espécie entrevista em d. Sebastião e nos antigos argonautas, pode salvar da decadência a civilização moderna.

Olhar para trás só fará sentido se esse olhar estiver voltado, também, para a frente. Caeiro volta a um tempo mítico, anterior a toda história, anterior à busca ansiosa de um sentido ou significado para as coisas e lamenta a impossibilidade de se aceitar que as coisas são o que são, não mais; Reis regressa à antigüidade clássica, origem histórica do que somos, enquanto seres em busca de um sentido que só vigora no espaço restrito da consciência intransferível, divorciada da realidade; Pessoa Ele-mesmo, revisita o passado próximo, português e europeu, para encontrar a auto-identidade circunscrita à identidade coletiva. O círculo se estreita, a espiral se aproxima de seu olho, o "buraco negro" ocupado por Álvaro de Campos.

O que distingue o heterônimo engenheiro naval dos demais é que ele aparentemente não retorna ao passado. Campos mergulha na vida presente, no coração da modernidade cosmopolita: fábricas, luzes, máquinas, automóveis, com seu brilho feérico, seu ritmo trepidante, impelido pela energia avassaladora do progresso, e o faz com um entusiasmo febril a que logo sobrevêm o cansaço, a náusea e o tédio. O que o move não é a confiança ingênua dos futuristas, que apostam tudo no progresso tecnológico, esperando que daí brote a solução para todos os males da humanidade. Não é tampouco

---

[11] F. Pessoa, *Mensagem*, 9ª ed., Lisboa, Ática, 1970, p. 82.

o extremo oposto: rejeição do progresso, exaltação da natureza e da vida primitiva, como sugere, com ironia, a ficção-Caeiro. Campos se concentra no presente porque encarar o presente como ele o faz implica, também, uma viagem de volta ao passado. Na visão pessoana, o passado e a tradição não estão *ali*, atrás de nós, mas exatamente *aqui*, à nossa frente, bem vivos.

Romper com o passado, destruir o passado, soltar as amarras do barco da história na direção do futuro e do absoluto... Essa espécie de futurismo ostensivamente demolidor concebe a história como sucessão linear, fio uniforme e retilíneo, constituído de "antes", "agora" e "depois". Para esse futurismo primário, bastaria cortar o fio que liga o presente ao passado para eliminar todos os vestígios deste último, e para que o futuro se construísse, vitorioso e liberto, integralmente erigido sobre si mesmo. Não assim para Fernando Pessoa, como o temos em Álvaro de Campos. Cortado o fio, o fio permaneceria intacto; o passado continuaria a pulsar aqui mesmo, no presente, e sempre seguiria condicionando o futuro, para o bem e para o mal. O presente não é simples elo de uma cadeia linear, mas ponto de convergência, em permanente expansão, para onde conflui todo o passado. Para Álvaro de Campos, o presente é o centro da história:

> Canto, e canto o presente, e também o passado e o futuro,
> Porque o presente é todo o assado e todo o futuro
> E há Platão e Virgílio dentro das máquinas e das luzes elé-
> [tricas
> Só porque houve outrora e foram humanos Virgílio e Pla-
> [tão,
> E pedaços do Alexandre Magno do século talvez cinqüen-
> [ta,
> Átomos que hão de ir ter febre pra o cérebro do Ésquilo
> [do século cem.[12]

---

[12] F. Pessoa, *Poesias de Álvaro de Campos*, Lisboa, Ática, 1958, p. 143.

Assim, a estrutura espiralada que divisamos na organização interna da ficção heteronímica vem a ser a mesma que Pessoa distingue no processo histórico: circunvoluções que trazem incessantemente até o presente, como em ondas, toda a experiência pregressa, para gestar o futuro. A similitude de estruturas não é casual. O microcosmo individual reproduz o macrocosmo coletivo, porque o individualismo é uma lei da civilização moderna e não simples jactância do poeta.

A visão pessoana sugere que o homem moderno, condenado à desagregação do subjetivismo, não dispõe mais de valores comuns, objetivos, aos quais se apegar. Cada consciência individual será então uma espécie de caixa de ressonância onde ecoam todos os anseios coletivos, presentes e passados, o que leva Campos a querer

> [...] sentir tudo de todas as maneiras,
> Viver tudo de todos os lados,
> Ser a mesma coisa de todos os modos possíveis ao mesmo
> [tempo,
> Realizar em si toda a humanidade de todos os momentos
> Num só momento difuso, profuso, completo e longínquo.[13]

Só através da ampliação da consciência individual, tornada heteronímica, o homem poderá romper o confinamento subjetivo e sonhar com a reconstituição do património espiritual comum, hoje fragmentado em miríades de "partes sem um todo", que rolam na direção do futuro, que é a mesma direção do passado: buraco negro.

---

[13] *Poesias de Álvaro de Campos*, ed. cit., p. 220.

Biografia

Inédito. 1: 2003; 2: 1998.

1

Quase ao final da série de composições intituladas "Poemas inconjuntos", Alberto Caeiro adverte:

Se, depois de eu morrer, quiserem escrever a minha biografia,
Não há nada mais simples.
Tem só duas datas – a da minha nascença e a da minha
[morte.
Entre uma e outra coisa todos os dias são meus.[1]

A advertência reforça a concepção exposta pelo heterônimo pastor, não só nesta série de poemas mas sobretudo em "O guardador de rebanhos": a vida deve ser vivida momento a momento, sem preocupação com o antes e o depois; a vida se esgota a cada experiência, embora se renove por inteiro na experiência seguinte. E não deixa vestígios. Por isso toda biografia que se aventure para além daquelas duas datas será, além de inútil, impertinente.

Acresce que Alberto Caeiro, de fato, não tem biografia, sequer essa que ele diz pertencer-lhe. É só figura de ficção. Assim, a inutilidade da biografia, além de se associar, de

---

[1] F. Pessoa, *Poemas de Alberto Caeiro*, 3ª ed., Lisboa, Ática, 1958, p. 86.

imediato, à sua filosofia de vida (a vida é fictícia, claro, mas a filosofia, não), talvez se aplique também ao seu criador, Fernando Pessoa, cuja biografia tem só duas datas, 13 de junho de 1888 e 30 de novembro de 1935, entre as quais todos os dias são dele. Quem haveria de ter acesso à vida de fato vivida nesse intervalo?

Não obstante, insistimos, na esperança de pelo menos chegar a saber por que nosso autor (não Caeiro nem o falso Pessoa Ele-mesmo, mas o Outro) cercou de tão indevassáveis segredos os dias, todos os dias de sua vida. Por que foi ele tão cioso em fazer que nossa atenção se concentrasse tão só em sua poesia?

Entre Lisboa e Lisboa, com Durban no intervalo, nosso poeta criou uma extensa e variada obra e por sua vontade, mais de uma vez expressa (a advertência de Caeiro não é voz isolada), é nisso que deveríamos estar interessados, na obra criada e não no seu criador. Pessoa deixou vários indícios de que preferia ser lembrado pelos versos que escrevesse e não pela vida, que, aliás, explicitamente abdicou de viver.

Num apontamento solto, sem data, mantido inédito até muito tempo depois de sua morte, o poeta dos heterônimos tece comentários sobre o que considerou uma "frase gloriosa", atribuída a navegadores antigos: "Navegar é preciso, viver não é preciso". Mal sabia ele que, além de "gloriosa" (uma glória até então conhecida só de meia dúzia de eruditos), a frase se tornaria famosíssima, passando a ser atribuída a ele próprio. Mas não é a frase em si que nos interessa, no momento, e sim as ilações subseqüentes:

> Quero para mim o espírito [d]esta frase, transformada a forma para a casar com o que eu sou: Viver não é necessário, o que é necessário é criar.
>
> Não conto gozar a minha vida, nem em gozá-la penso. Só quero torná-la grande, ainda que para isso tenha de ser o meu corpo [e a minha alma] a lenha desse fogo.[2]

---

[2] F. Pessoa, *Obra poética*, 5ª ed., Rio de Janeiro, José Aguilar, 1974, p. 15.

Se o próprio autor decidiu anular a sua vida, desacreditando assim, por antecipação, toda biografia possível, com que justificativa nós, seus leitores, iríamos especular a respeito? À pergunta inevitável, que todos mais cedo ou mais tarde acabamos por formular, "Quem foi, afinal, Fernando Pessoa?", a resposta por ele almejada deveria ser, tão somente: "Foi a obra que criou".

É pouco provável, porém, que isto satisfaça à nossa curiosidade. A todos os leitores de Pessoa tem animado, desde sempre, uma enorme e natural curiosidade em relação ao ser humano por trás da criação literária. Quem foi esse sujeito que abdicou de viver, que abdicou de sua personalidade para inventar outras, os heterônimos, que parecem falar, simultaneamente, por si e por ele, de si e dele? Quem foi o homem Fernando Pessoa, para além ou aquém da obra que escreveu? De quem descende? Em que ambiente veio ao mundo? Onde cresceu? Onde e como se formou? Que amores viveu? Que hábitos ou vícios cultivou? Que segredos escondeu? A que confrarias, secretas ou não, pertenceu? Que profissão exerceu? Que sonhos – fora esse de criar uma obra – acalentou?

A curiosidade é infinita e a cada investida parece remeter de volta ao ponto de partida: Fernando Pessoa não foi senão a sua poesia. Biografia? Só aquelas duas datas, certas e infalíveis, entre as quais todos os dias são dele.

Mas isso só faz multiplicar a curiosidade, ainda mais excitada pela aura de mistério que ele fez questão de cultivar, em torno de sua figura discreta e reservada. "Entre uma e outra coisa todos os dias são meus" talvez queira dizer tão somente isso mesmo, que o poeta trancou a sete chaves aquilo que simplesmente nunca existiu. A verdadeira vida de Fernando Pessoa é só o que ele imaginou ser.

2

A história da pós-modernidade começa em Pessoa-Caeiro, Pessoa-Reis, Pessoa-Campos, Pessoa-Soares, Pessoa-Ele-mesmo, Pessoa-Ele-outro, qualquer um, tanto faz: todos são a mesma pessoa. Logo de início, ele se fez irmão de Yeats, de Maeterlinck e de Pirandello, no instante em que resolveram posar, nus, separados ou em grupo, para as telas de Munch e as de Ensor. Depois aprendeu com Fulcanelli a destilar *o spleen* contido em certas flores negras, ingeriu-o de um gole, e pôde com isso fornecer a Max Nordau os modelos básicos da degenerescência, logo transformados no solene espetáculo da decadência do Ocidente, orquestrado por Spengler.

Durante anos, aguardou pacientemente o regresso de Swendenborg. Convenceu-o então a associar-se a Lautrec, Strindberg e Eiffel, e juntos fundaram o naturalismo *art nouveau*, com a finalidade de capturar em ferro, vidro, madeira e outros materiais a voluptuosidade animal. O lema do bando passou a ser: "Um carro puxado a mulas ou a gasolina é puxado pela mesma coisa", logo adotado pelo jovem Kafka e pelo não menos jovem, cego do terceiro olho, Jorge Luis Borges.

Depois partiram todos em vilegiatura, na companhia de James Frazer, Lévy Bruhl e Margaret Mead, à procura do ramo dourado, pré-categorial, mas não o encontraram: estava escondido, eles viriam a sabê-lo, na terceira gaveta da escrivaninha de Sigmund Freud. Sem hesitar, gastaram todas as horas de certa manhã brumosa, no cais da Antuérpia, acenando adeus a Paul Gauguin, que partia para o Taiti.

Antes de partir ele próprio, não para o Taiti, mas para a ilha extrema do Sul, ainda teve tempo de ensinar a Camus que Sísifo não era estrangeiro só em Corinto, mas em toda parte. E aproveitou para transmitir a Heidegger a boa nova que ouvira de Nietzsche: Deus morreu. E explicou-lhe que, assim sendo, era preciso voltar às origens pré-socráticas desse amontoado de falsos deuses que é a tradição metafísica ocidental, essa mixórdia de padres sem religião. Foi o que o amigo se dispôs a fazer, e fez, até que Sartre montasse, no Quartier Latin, o "Redescartes pour tous – Bazar & Papelaria", para atender à vasta clientela que não tinha tempo a perder repensando *toda* a tradição metafísica do Ocidente.

A caminho de sua Ilha, reuniu-se em Paris com El Morocho e Leadbelly. Alugaram um barco e promoveram a mais flamejante festa de que a Cidade-luz teve notícia, a que compareceram Belisario, Gertrude, Anaïs, Federico, Oscar, Benjamin, Dempsey, Isadora, Salvador, Almada e tantos outros.

O primeiro raio de sol do dia 30 de novembro de 1935 incidiu sobre um frasco vazio de Aguardente Velha, que boiava nas águas sujas e barrentas do Sena, dentro da qual, num retalho de papel enrolado, lia-se, na letra segura e na caligrafia inconfundível do Íbis: "I know not what tomorrow will bring".

Lisboa: 1893

Inédito, 2003.

Depois de algum tempo a folhear o número de março de *La Vie Contemporaine*, finalmente chegado de Paris, Magdalena pôs de lado a revista, ergueu-se e, num gesto quase instintivo, ajeitou os cabelos diante do espelho alto, logo acima do aparador. A penumbra da sala não impediu que reparasse no próprio cenho, levemente contraído, as olheiras acentuadas, o ar de cansaço. Foi só um relance, mas a imagem persistiu enquanto ela caminhava, a passos medidos, na direção da sacada. Suspirou, esboçou um sorriso, "Magda, minha cara, estás um traste".

Apegou-se à justificativa dos encargos domésticos – dobrados, triplicados, nas últimas semanas. O segundo filho, recém-nascido, a exigir cuidados constantes; o agravamento da doença do Joaquim, por fim diagnosticada como tuberculose, o que forçava o marido a se internar, às vezes por dias seguidos, ficando ela à frente da casa; os achaques recentes da avó Dionísia, a sofrer das "faculdades mentais", como diziam todos... E a escassa ajuda de Joana e Emília, as velhas criadas, companheiras da família por duas gerações, mas por isso mesmo já não tão eficientes.

Afinal, consolou-se: que frescor, que jovialidade de expressão resistiria a peso tão avantajado e repentino?

Ao se aproximar da sacada, sorriu, "Deixa estar, são fases. Logo, logo, tudo se ajeita". Com um gesto pausado mas firme, correu o reposteiro que protegia do contágio do mundo exterior a ampla sala, para que ali se espalhasse um pouco da claridade do fim da tarde. Abriu as portas envidraçadas, deu um passo até o balcão e admirou, naquela hora benigna, a paisagem que lhe era tão familiar: o largo de São Carlos, com seu movimento incessante, a fachada imponente do Teatro (era só avistá-la para que uns acordes da *Traviata* ou do *Navio Fantasma*, da última temporada, lhe viessem à memória), a Igreja dos Mártires, cujos carrilhões começavam a chamar para a Ave-Maria, e mais ao fundo, bem diante de sua sacada, um retalho do Tejo – onde Magdalena avistava, ou adivinhava, a dança das velas, o deslizar dos barcos de todos os tamanhos, até os grandes vapores, e a azáfama dos marujos.

Enquanto se deixava enlear pelo quase torpor da brisa tépida a vibrar no ar da tarde, Magdalena abriu, agora sim, um largo sorriso, "Nada de queixas, mulher! Deves mas é bendizer o destino que Deus te reservou. Um esposo amantíssimo, dois filhos pequenos, que são umas jóias preciosas, uma bela casa, ampla e confortável, bem arranjada, embora sem luxos, aí mesmo no coração do Chiado, na tua amada Lisboa – não é o que sempre almejaste? Que mais querias? Dificuldades, problemas, aflições? Quem não as terá?".

O ano de 1893 corria sereno. Em janeiro nascera o segundo filho, Jorge, a inspirar cuidados, é verdade, saúde fragilzinha, mas veio trazer ainda mais alegria à casa. Magdalena observara, com atenção, a reação de Fernando Antônio, o mais velho, quando este pôs, pela primeira vez, os olhos no recém-nascido:

– É o meu irmão? É? Assim tão pequenito? E ele é nosso? Podemos tê-lo em casa para sempre? Que bom que será, não é, mamã?

A nota destoante era a doença de Joaquim. A internação, em junho, numa casa de repouso em Telheiras, coincidiu com o aniversário dos cinco anos de Fernando, e o doutor Korth não autorizou que seu paciente saísse do leito. A festa gorou. Comeu-se um pouco do bolo de nozes, preparado pelas criadas, os tios e primos falaram pouco, em voz baixa, e logo se retiraram. Fernando Antônio entreteve-se com o presente trazido por tia Aninha: uma enorme bola de borracaha, multicolorida, de um lado um cão verde, de outro, um cavalo azul, montado por um *jockey* amarelo. Era só girar a bola e as figuras pareciam correr, umas atrás das outras...

Magdalena preocupou-se com o menino, receou que o decepcionasse muito o cancelamento da festa. "Qual nada, mulher! Tu te preocupas demais!", concluiu. Lançou mais uma vez o olhar para o Tejo distante, sorriu, suspirou, "Apesar dos pesares, apesar de tudo, que Deus me perdoe, mas sinto-me feliz, acho que sou uma mulher feliz".

O pensamento fluía tão intenso e nítido, que Magdalena por pouco não se surpreendeu a falar sozinha.

Interrompeu-a o passo miúdo do filho mais velho, que estivera a tarde toda entretido consigo mesmo, em algum canto da casa, sem incomodar a ninguém. Magdalena ergueu-o ao colo, beijou-o muitas vezes e acomodaram-se os dois na *bergère* grená, junto à porta da sacada.

– Mamã, tenho uma pergunta.

– Que novidade, meu anjo! Mais uma... Tua coleção de perguntas é infindável... Diz-me lá, o que queres saber, desta vez?

– Mamã, o que é a felicidade?

Num gesto instintivo, Magdalena levou a mão à boca. "Terei pensado em voz alta?" A natureza da pergunta não causou surpresa. Já desde os três anos Fernando se expressava, muitas vezes, para espanto de todos, com proficiência de adulto. Não era então de estranhar que, aos cinco, o menino se aventurasse em abstrações dessa ordem. O que surpreendeu foi a coincidência. "Meu Deus", Magdalena quase deixou escapar, "com que então, agora, o meu rico Nando também adivinha pensamentos...". Mas limitou-se à resposta que lhe pareceu mais natural

– A felicidade, meu filho, é poderes estar em algum lugar, sem desejos de estar em outro. Compreendes?

– Quer dizer, *estar* – ergueu a voz, encompridando a segunda sílaba, – estar num lugar é o bastante, não faz falta estar em outro lugar nenhum?

— É isso mesmo!

— Então compreendo. E então — começando a rir — para se ser feliz não é preciso ser, é só estar...

Saltou do colo da mãe e continuou a rir. Enquanto corria à volta da *bergère*, repetiu algumas vezes, variando o tom de voz: "É só estar, não é para ser, é só estar", como se o divertisse não a descoberta do pensamento, mas a diferença concreta entre dois verbos, ao mesmo tempo tão próximos e tão distantes.

Depois de um abraço prolongado, mais beijos e risadas, mãe e filho se deram as mãos, caminharam um passo até a sacada e puseram-se a contemplar a larga mancha vermelho-alaranjada que o sol despejava sobre a cidade com suas casas de muitas cores, prestes a adormecer.

Domingo cedo, saíram todos para a missa: Magdalena, Fernando Antônio, a avó Dionísia, o tio Cunha e a tia Maria, mais a criada Joana (Emília ficara em casa, para cuidar do bebê). Era a primeira vez que o faziam sem a companhia de Joaquim, ainda recolhido à clínica. Magdalena tentou imaginar qual seria a reação do filho e preparou-se para lhe explicar que as notícias não eram boas, o pai custava a apresentar melhoras. Mas o menino não disse palavra. Assistiu aos ofícios muito comportadamente, como de hábito, e só por um instante, entre o Agnus Dei e a Communio, levou as mãos em concha ao ouvido da mãe e anunciou que tinha um assunto a tratar, quando voltassem à casa.

Enquanto galgavam os muitos degraus que levavam ao quarto andar, já puderam ouvir o choro cada vez mais nítido e insistente de Jorge. Fernando retirou-se para o seu canto, Joana foi cuidar das últimas providências para o almoço, o tio e a tia ficaram por ali. Durante boa parte do dia, Magdalena só teve atenção para o bebê. Mais tarde, lembrou-se. (Jorge, finalmente, dormia; a casa repousava em sossego.) Chamou Fernando para perto de si, na sala:

— Então, meu rico, qual era o assunto que tinhas a tratar?

Fernando retomou a conversação, como se tivessem acabado de chegar da missa:

– É que estive a pensar e decidi que não quero mais... não quero mais que me chamem "Nando".

– Ah, não? E como preferes que te chamem?

– Fernando, Fer-nan-do, que este é que é o meu nome verdadeiro.

– Sim, sim, está bem. Mas que tens contra o "Nando"?

– É que "Nando" não quer dizer o nome como me chamo. "Nando" quer mas é dizer que não ando, que não ando! E isto não é a verdade. Queres ver?

Saltou da cadeira e passou a caminhar em círculos pela sala, ora fingindo que mancava, ora acelerando ou retardando o passo, com jeito cômico, expressão de braveza e indignação, repetindo, ritmadamente: "Ando, ando! Nada de Nando...". E encerrou o número conforme a mãe lhe ensinara ser o hábito de atores e atrizes: perna esquerda estendida à frente, uma larga e lenta flexão do tronco, os braços bem abertos – para receber os entusiasmados aplausos de Magdalena, cujas palmas, misturadas ao riso, tornaram quase inaudível o comentário:

– Andas, sim, meu rico, e como andas! Tens razão, nada de "Nando". Tens razão...

Serenado o acesso, Fernando sentou-se ao chão, pernas cruzadas, e sorriu feliz, enquanto a mãe lhe explicava a razão e o significado do nome todo. "*Fernando* porque é um belo e sonoro nome, nome de reis, príncipes e heróis; *Antônio* porque nasceste num dia 13 de junho, dia de Santo Antônio, o padroeiro de Lisboa; *Nogueira* porque é o nome da família da tua mãe, gente das ilhas dos Açores, dedicada, há gerações, ao estudo, à arte, às ciências. Na verdade", Magdalena ergueu uma sobrancelha e sorriu, "o nome todo da minha família é Pinheiro Nogueira, mas como é muita árvore junta, ficaste só com o Nogueira", e fez uma pausa, atenta à reação do filho, que, embora mostrasse ter entendido, não deu maior importância ao jogo de palavras:

– Sim, sim, percebo. Mas continua. E o resto?

– Bem, o resto é o *Pessoa*, o nome da família do papá, que não é das ilhas, mas cá da terra, gente sensível, funcionários graduados... A propósito, a família do teu pai também se chama *Seabra*, mas julgou-se melhor não te encompridar demais o nome, que ficou Fernando Antônio Nogueira Pessoa. Já imaginaste que espichado seria Fernando Antônio Pinheiro Nogueira de Seabra Pessoa?

Outra vez, Fernando não se deteve na brincadeira da mãe. Tinha outra idéia em mente. Para surpresa de Magdalena, seu comentário, muito sério, foi imediato, como se ele o tivesse elaborado todo enquanto ouvia:

– "Fernando", entendo, é o rei ou o príncipe; "Antônio", sim, é o santo; "Nogueira" também, como disseste, é uma das árvores. Só o que não entendo é o "Pessoa"...

–?...

– Quer dizer, uma pessoa, como eu, como o papá ou como a avó Dionísia, que leva "Pessoa" ao nome, é mais ou é menos *pessoa* que outra pessoa qualquer?

Magdalena não soube se devia rir ou ensaiar uma explicação. Enquanto ela hesitava, os olhos bem abertos, Fernando prosseguiu:

– Então meu nome quer dizer que serei um rei ou príncipe, um santo, uma gente de estudos que gosta de árvores e um funcionário sensível que é duas vezes pessoa?

Só então Magdalena percebeu que era caso para rir, para rir e aplaudir, e seguir alimentando o orgulho que tinha do filho precoce, que desde cedo mostrara extraordinária habilidade para lidar com as palavras. Chamou-o para um abraço e disse-lhe, séria:

– O que serás, não sei. Pode ser que príncipe ou santo, amante das árvores, do estudo ou do que quiseres. O que sei é que és uma pessoinha encantadora, muito, muito querida.

E estreitou-o junto ao peito. Ficaram assim, em silêncio, por algum tempo, até que o menino se desvencilhou dos braços da mãe e pediu:

– Mamã, vamos jogar aos cubos?

No aniversário dos três anos de Fernando Antônio, o tio Cunha aparecera, como sempre alegre e espalhafatoso, com um enorme pacote, maior que o menino, anunciando que era um espetáculo, a última novidade em matéria de brinquedo educativo, fabricado na Alemanha. Adquirira-o em Londres, um mês antes do aniversário, e ardera de ansiedade até que o dia 13 de junho chegasse.

Todos se alvoroçaram em redor do anglo-germânico monumento, amarrado com largas fitas vermelhas, logo posto ao chão, à frente do aniversariante. Foi preciso que os mais velhos o ajudassem a desvencilhar-se das fitas e a rasgar o papel pardo. O esforço valeu. Enterneceu a todos o deslumbramento da criança, quando, ao levantar a tampa de cartão reforçado, deparou-se com dezenas de blocos de madeira, multicoloridos, com letras, números e bichos artisticamente desenhados, em todas as faces.

Tudo o que Magdalena havia preparado para a festa foi adiado ou ficou esquecido, incluindo o magnífico bolo, como sempre de nozes, confeccionado com o carinho habitual, por Joana e Emília. Ninguém teve olhos ou dedos para outra coisa que não os esplêndidos cubos de madeira do tio Cunha – o assunto da casa, e obsessão do pequeno Nando, por muito tempo.

Na noite do aniversário, quando os convidados já haviam partido, Joaquim, a sós com a mulher, não se conteve:

– Que disparate! Onde o Cunha tem a cabeça?! Um brinquedo desses, com certeza caríssimo, nas mãos de uma criança que mal saiu dos cueiros... Um desperdício! Um despropósito!

– Ó Joaquim, deixa estar! – Magdalena contemporizou. – Não é caso para tanto. Não viste como o miúdo ficou encantado com o presente?

– Sim, sim, está claro! Mas, ó mulher, aquilo são letras e números! Que proveito há de tirar o Nando daquilo tudo, a não ser espalhar cubos pela casa?

– Não sejas tão implicante, homem de Deus! Que mal te fez o Cunha? De mais a mais, se o Nando não reconhece letras e números, reconhecerá os bichos e aprenderá a conhecer outros. E sempre pode distrair-se com as cores, tão lindas!

– Não sei, não sei... A mim dá-me a impressão que o Cunha pensou mais em si que no miúdo... Não sei...

Aos poucos, a intransigência de Joaquim foi sendo minada pela placidez com que Magdalena encarou o inesperado brinquedo. Quase chegou a perdoar o cunhado quando a mulher prometeu que estaria ao lado do filho, toda vez que este se dispusesse a brincar com os blocos de madeira – a "jogar aos cubos", como logo se acostumou a dizer.

A partir de então, mãe e filho passaram a despender horas seguidas, um na companhia do outro, dia sim, dia não, entretidos com os cubos do tio Cunha. De início, Fernando fixou a atenção nos animais, quis saber os nomes de todos, encantou-se especialmente com a águia, o urso e o rinoceronte. Arrumava no chão o seu colorido zoológico, ora formando um quadrado, ora um círculo, ora empilhando os blocos, até que tudo desabasse.

Aos poucos, Magdalena foi atraindo a atenção de Fernando também para as letras e os números. Quantos cavalos são? Seis? Qual é a pedra com este número? Com que letras se escreve "cavalo"? Com inesgotável paciência, impregnada de prazer genuíno, Magdalena foi conduzindo o filho a armar, no chão, os nomes dos animais, os nomes de quase tudo em redor.

Impressionava-a a facilidade com que o menino assimilava as "lições", aparentemente sem esforço, por vezes antecipando-se a explicações que a mãe relutava em oferecer, por julgá-las demasiado complexas.

Pouco mais de um ano depois, já ninguém se espantava. Quem quer que freqüentasse aquele quarto andar do largo de São Carlos sabia que os Nogueira Pessoa tinham ali um menino-prodígio, que aos quatro anos já lia e escrevia – embora preferisse, aos convencionais papel e lápis, os seus atraentes cubos de madeira.

Perto dos cinco anos, os cubos passaram a alternar com livros, folhetos, cartazes. Tudo quanto era impresso ganhava de imediato o interesse de Fernando, que insistentemente recorria à mãe para ajudá-lo a decifrar a escrita ou a transformar em traçado no papel os muitos nomes que conhecia. Os cubos, às vezes, ficavam esquecidos, por semanas.

Naquela tarde de domingo, Magdalena surpreendeu-se com o pedido do filho, que quis "jogar aos cubos". Foi logo buscar a caixa:

– Então, que palavras vamos formar hoje?

– Nã-nã, hoje não formamos palavras. Hoje construímos uma pirâmide.

Magdalena lembrou-se da imponente gravura da pirâmide de Quéops, estampada no último número de *La Vie Contemporaine*. Fernando ficara um longo tempo a admirar a imagem, enquanto ouvia as histórias de faraós, sacerdotes, arquitetos, múmias e escravos, que a mãe lhe contava.

O menino começou por armar um grande quadrado; depois, em cima, outro menor, depois outro, mas parou a meio do caminho: não havia cubos suficientes para chegar ao topo. Recomeçou, diminuindo o tamanho do quadrado-base. Na terceira tentativa conseguiu, mas decepcionou-se com a piramidezinha modesta, de poucos degraus.

Magdalena, ajoelhada ao lado do filho, apenas observava. Este, depois de algum tempo a interrogar as pedras soltas da pirâmide por construir, exclamou:

– Já sei, já sei! Mamã, emprestas-me uma das tuas revistas?

Fernando não precisou de muitos cubos para armar, sobre o tapete, apenas a moldura não de um quadrado, mas de um retângulo, pouco maior que a revista, deixando dois blocos no meio da figura, para a sustentação. Pousou em cima a revista, sobre a qual montou outra moldura, pouco menor que a primeira. E hesitou, à procura de outra revista, de tamanho adequado.

– Queres ajuda? – perguntou Magdalena.

O menino fez que sim.

Ela foi ao quarto de costura e voltou com umas folhas de cartolina e uma tesoura. Mãe e filho esqueceram as revistas e recomeçaram, agora com um verdadeiro quadrado-base. Pacientemente, Magdalena ia recortando os quadriláteros, no tamanho exato determinado pelo pequeno arquiteto. O último degrau – o cubo isolado no topo da pirâmide – não precisou de cartolina recortada, apoiando-se nas quatro peças já ali arranjadas. No ápice, olhando para o teto, uma águia dourada, em fundo vermelho.

Mãe e filho bateram palmas e cumprimentaram-se pelo bom êxito da empresa. Magdalena não economizou elogios ao engenho de Nando.

– Mas, ó mamã, sem tua ajuda...
– Vá lá... Mas a idéia foi toda tua.
– Está bem. Mas é uma pirâmide muito oca, não achas? Toda cheia de ares.
– É, é verdade... – Magdalena repetiu a expressão fingidamente séria do filho. – Mas que mal há nisso?
– Não sei... Se calhar, nenhum.

Depois de breve pausa, dois dedos meditativos, entre o queixo e a bochecha, o menino sugeriu:

– Quem sabe é uma pirâmide com espaços para muitas múmias...

Magdalena aprovou, com entusiasmo. Ergueu-se, deu uns passos em redor da obra, e ficou perplexa quando, tendo chegado ao lado onde o filho estivera o tempo todo, distinguiu, na vertical, do topo à base, pedra por pedra, o nome "Fernando".

* * * *

As pessoas acomodadas no silêncio da sala tiveram um sobressalto com os repentinos gritos roucos e os passos pesados que pareciam vir do corredor, ou do quarto ao fundo. "É a avó, é a avó!", disse logo o tio Cunha. "Os sedativos não surtiram efeito." Magdalena e o cunhado saltaram para o corredor, a tempo de ver a figura desgrenhada da avó Dionísia, aos berros, entrando no quarto onde Fernando dormia. Enquanto corria na sua direção, Magdalena implorou:

– Ajuda-me, Cunha, que ela vai amedrontar o meu Nando!

À entrada do quarto, a cena paralisou a ambos: a avó, de pé, o neto grudado ao peito, o braço esquerdo em volta do pescoço do pequeno, como se fosse estrangulá-lo. Os olhos muito abertos giravam, uma baba escura escorria de um canto da boca, enquanto a velha ora balbuciava, ora gritava:

– É o meu Joaquim! Só meu! O meu Joaquim! Estavas só a dormir um bocado, não é, meu lindo?... Joaquim! Joaquim! Oh!

Num gesto brusco, a mulher ergueu o menino, os braços estendidos para o alto, e sacudiu-o com aflição. Depois, encarando-o fixamente, soltou um uivo agoniado:

– Joaquiiiiim!

Em seguida largou o neto e desfaleceu. Magdalena deu um salto, a tempo de tomar o filho nos braços. Tio Cunha amparou a avó Dionísia; Emília, já a postos, ajudou-o a carregá-la de volta aos seus aposentos. Magdalena quase sufocou Fernando, com seu prolongado abraço, sem palavras.

Depois do que lhe pareceu ser uma eternidade, afastou um pouco o rosto e olhou para o filho. Só então se deu conta. Ao longo de todo o episódio, Fernando não dissera palavra, não gritara nem chorara. O olhar, agora, fixo nos olhos da mãe, é de espanto e terror. Magdalena torna a juntá-lo ao peito e, com redobrada ternura, afaga-lhe os cabelos e a nuca, beija-o muitas vezes. Depois, torna a afastar o rosto. No olhar do menino o espanto se foi. Ficou o terror, nos olhos muito abertos e nos lábios contraídos – na expressão em que Magdalena enxerga, quase chega a ouvir, a pergunta inarticulada, "Por que, mamã? Por quê?".

A doença? A morte?

Semanas antes, Magdalena dera ao pequeno Fernando Antônio a explicação de que foi capaz e a notícia da morte do pai não pareceu ter provocado, nele, transtorno maior. Não só ela mas todos acharam que o menino havia reagido bem, com certa resignação, até. No velório, esteve ali por um bom tempo, sério e compenetrado, de mãos dadas com a mãe. Foi poupado do enterro, ficou em casa com uma das criadas. Não presenciou a cena grotesca proporcionada pela avó. A morte, enfim, essa morte em particular, tal como tinha ocorrido, pensou Magdalena, é algo que se pode explicar, de modo que uma criança entenda. Já a loucura da avó...

A loucura da avó Dionísia estava além dos argumentos, e do entendimento, de Magdalena. Desde pequeno, Fernando tremia de pavor à aparição da avó, que o encarava com olhos enormes, às vezes ria o seu riso de poucos dentes e nenhum propósito, às vezes gritava, outras punha-se a dizer frases sem nexo e exigia, por força, que o neto lhe respondesse. À notícia da morte de Joaquim, Dionísia primeiro pareceu não ouvir ou não entender: seguiu com seus hábitos recentes, como se nada tivesse acontecido. Depois passou a ter ataques cada vez mais intensos, como o dessa brusca invasão ao quarto onde foi buscar, no neto que dormia, o filho que a morte levara.

Como explicar ao menino que a avó perdera o juízo? E que, quando perdem o juízo, as pessoas podem estar, num momento, tranqüilamente a regar as suas plantas, como a avó Dionísia, e no instante seguinte se põem a berrar e a espernear, a arrancar as próprias roupas e a esmurrar as paredes? Como explicar ao filho a loucura da avó? Como aplacar ou amenizar o terror que ele sentia?

Angustiada com sua impotência diante do sofrimento que as circunstâncias impunham ao filho tão pequeno, Magdalena resignou-se a fazer o que fazia melhor: beijou-o e abraçou-o, forte, na esperança de que seu peito, seus braços quentes e a proximidade de sua pele macia fossem capazes de afugentar o terror.

Um instante depois, rosto contra rosto, mãe e filho entreviram, em si e no outro, uma lágrima, uma só. A mesma lágrima? Olhos nos olhos, filho e mãe esboçaram, os dois, o mesmo tímido sorriso de compreensão e ternura.

14

Leadbelly, El Morocho & Íbis

Colóquio/Letras, 1989.

O primeiro a chegar foi Barriga-de-Chumbo. Tirou do bolso do colete o cartão que dizia "20, rue de Clichy" e verificou que a chave, recebida três meses antes, em Cleveland, adaptava-se perfeitamente à fechadura. Correu os olhos pelo aposento e deteve-se num dos aparadores ao lado da janela. Imponente, soberana, ali o aguardava uma garrafa de *Jack Daniels*, que ele começou a degustar já a partir do inconfundível rótulo preto. Ao lado, uma caixa de *Romeo y Julieta*, "Five-year aged blended tobacco". Abriu um largo sorriso: "O sacana do Íbis pensa em tudo!".

Trancou a porta, desabotoou o casaco e aninhou-se na bergère, acariciando o frasco. Depois de um largo trago, levou o corpanzil à janela, escancarou-a e estufou o peito em direção ao último halo da tarde. "Esta cidadezinha infeliz só presta para alguma coisa no Outono. Devia fechar no resto do ano." De volta à bergère, empenhou-se na piedosa tarefa de acender um *Romeo y Julieta* e foi cerrando os olhos, agradecido, enquanto punha no ar a espessa baforada inicial.

Barriga-de-Cumbo: Huddy Leadbelly, filho de escravos, nasceu numa fazenda da Louisiana, a 17 de março de 1888. Ganhou o apelido, depois adotado como nome, num tiroteio, aos dezesseis anos. Nunca mandou extrair as balas, por achar que lhe davam sorte. Apesar do porte avantajado, da força descomunal e da coragem lendária, era um sentimental. Compunha ternas baladas que só apresentava em audições para amigos seletos. Passou boa parte da vida na prisão, às vezes pelo capricho de se manter leal a quem reconhecidamente não o merecia. Controlava a conexão Chicago-Dacar-Paris.

Quando abriu os olhos, tinha, diante de si, o sorriso amplo e as mãos estendidas de El Morocho. O abraço veio espalhafatoso, crivado de risadas e gritos de "Che!", "Buddy!", várias vezes repetidos.

Assim que a efusão amainou, El Morocho concentrou a atenção no balde de gelo e na taça transparente, que repousavam em cima do aparador da esquerda. Caminhou até lá, estendeu o braço e sorriu malicioso: "Moet & Chandon, 1921! Estupendo!".

– Aquele sacana pensa em tudo, há, pibe!
– Chandon 1921! Nem posso acreditar... O sacana, como dizes... Por falar nisso, sabes por que ele nos chamou?

El Morocho: *Charles Romuald Gardès, nasceu em Toulouse, sul da França, a 11 de dezembro de 1888. Cedo emigrou para a Argentina, onde cresceu, ganhou fama e adotou o nome de Carlos Gardel. Amado incondicionalmente por todos quantos lhe deviam proteção, foi o mais elegante rei do basfond que Buenos Aires conheceu. Chegou a ganhar imensas fortunas, que dissipava em cavalos de corrida lentos demais e em mulheres demasiado rápidas. Sua frase predileta: "Tudo o que tem preço é barato". Tinha sob sua responsabilidade a rota Paris-Buenos Aires e, a partir daí, todo o cone sul da América Latina.*

Sentados em redor da mesa, ouviram atentamente a explanação de Íbis, o último a chegar.

Poucos minutos depois, Íbis concluiu:

– Falta explicar ao cretino do Pierre a sua parte. Farei isso logo mais. O restante já foi providenciado e está aí no relatório, que me fareis o favor de ler, já que tive o cuidado de datilografá-lo em três vias.

O documento continha a descrição minuciosa dos planos de Íbis, para aquela noite, e dados como a lista de convidados (Mejías, Isadora, Salvador, Gertrude, Almada, Federico, Marta, Azucena, Belisario e outros, ao todo vinte pessoas); item por item, o *buffet* encomendado ao "Bal Tabarin", com aparelhagem completa e serviçais; todo o programa a ser executado pela orquestra do "Empire"; detalhes da decoração contratada ao "Gaité Lyrique" para o luxuoso barco, alugado pela bagatela de 250.000 fr, por uma única noite. Custo total: 2.350.000 fr.

– Não é que ele pensa mesmo em tudo! – El Morocho comentou, dirigindo-se a Barriga-de-Chumbo, como se Íbis, com seu sorriso plácido, não estivesse presente.

Barriga-de-Chumbo exclamou:

– Good Lord, Íbis! You're entirely out of your mind! What a devilish think-tank you get! But I love it, yeah! I sure do. And I need another bottle of *Daniels*.

– Ei, ei! Vós sabeis que eu não compreendo inglês. Que foi que ele disse?

– Leadbelly declarou que concorda, pibe, que concorda com tudo. E tu?

– Ah, sim. Estou de acordo. Podem contar comigo.

Íbis: *Fernando Antônio Nogueira de Seabra Pessoa, nasceu em Lisboa, a 13 de junho de 1888. De origem burguesa, bem situado, herdeiro de uma loja de ferragens, abandonou tudo para filiar-se ao grupo, de que logo se tornou o mentor intelectual. Não se sabe se assim o fez por ambição desmedida, pelo fácil acesso ao ópio ou pela atração do perigo. Mecenas discreto, patrocinou a criação de grêmios recreativos, como "Orpheu", "Centauro", "Athena" e outros, onde fazia declamar suas quadras escrupulosamente rimadas. Sediado em Paris, controlava todo o ramo europeu da organização.*

Quando chegaram ao barco todo enfeitado de luzes e bandeirolas, ancorado à margem esquerda do Sena, alguns convidados já os aguardavam. A festa estendeu-se pela noite e foi... feérica? "Foi uma apoteose de luzes, corpos, aromas, música penetrante em que se esbatiam listas úmidas de som em meio a sorrisos como gomos de cristal. O ar foi todo inundado de um perfume denso, arrepiante de êxtase, silvado por uma brisa misteriosa, cinzenta, com laivos amarelos..." – conforme noticiou, no dia seguinte, um vespertino parisiense, em seu peculiar estilo provinciano, pseudo-sofisticado.

Assim que o último convidado partiu, os três se reuniram em torno da mesa, no convés, e conversaram por algum tempo, sob o frio da madrugada.

– Tens certeza de que o Pierre cuidou de tudo? – El Morocho lembrou.

– Não tenho a menor dúvida – garantiu Íbis. – Verifiquei pessoalmente cada pormenor. Não haverá surpresas.

– Então está na hora!

Barriga-de-Chumbo começou a extrair da voz rouca a balada que principiava:

Irene good night, Irene good night.
Good night Irene, good night Irene,
O yes you're in my dream.
...
Irene good night, Irene good night.
I'm leaving this morning o-ho
And I don't know where to go...

Os outros dois ouviram atentos e aplaudiram com entusiasmo. Serviram-se de mais *Jack Daniels*, *Moet & Chandon* e a inseparável *Macieira* de Íbis.

Queixavam-se do frio e da umidade ("Tenho os ossos encharcados", lamentou-se Íbis), quando chegou a vez de El Morocho. Sua bela voz ecoou no cais deserto:

Es la última farra de mi vida,
De mi vida, muchachos, que se vá.
Yo me emborracho por ella,
Y ella ¿quién sabe que hará?

O murmúrio das águas correndo era o acompanhamento perfeito para o canto nostálgico e altivo do portenho. Terminado, mais sorrisos e aplausos.

O silêncio em volta era uma carícia, quebrada só pelo arrulho das águas. O frio se fez mais intenso quando o negrume da noite transitou para o cinza, depois para o azulado, promessa de luz. Os três sabiam que o sol, mesmo frio, podia aparecer a qualquer momento.

Foi a vez de Íbis, que entoou, com voz sumida, uma de suas quadras prediletas:

> Nuvem do céu que parece
> Tudo quanto a gente quer,
> Se tu ao menos me desses
> O que se não pode ter!

Os amigos aplaudiram, com emoção, e queixaram-se de que tinha sido muito breve. Pediram mais. Íbis prontamente atendeu-os:

> Água que passa e canta
> É água que faz dormir...
> Sonhar é coisa que encanta,
> Pensar é já não sentir.

Íbis teve o tempo exato de escandir o verso final. Barriga-de-Chumbo, o mais alto dos três, ainda pôde captar, no último olhar dos amigos, relance entre as águas, o sentimento de júbilo e ternura, que era também seu.

Nesse instante, os primeiros raios de sol do dia 30 de novembro de 1935 brilharam, frios, sobre uma garrafa vazia de *Jack Daniels*, que boiava solitária, indicando o ponto onde os três amigos inseparáveis, com seu barco outrora iluminado e seu sonho azul, submergiram nas águas barrentas e mal-cheirosas do Sena.

Lábios que não beijam

CULT Especial/Fernando Pessoa, 2005.

Francisco Quinteiro Pires *As inovações de Fernando Pessoa em poesia – como a despersonalização, a fragmentação do Eu e as combinações improváveis de palavras – ainda se fazem sentir ou já foram superadas?*
Carlos Felipe Moisés Fernando Pessoa não é um poeta ostensivamente inovador, como são inovadores Ezra Pound, e.e. cummings, Mariane Moore, os nossos concretos e tantos outros, todos empenhados, cada qual a seu modo, no *make it new*. O arsenal expressivo de Pessoa, salvo uma ou outra ousadia do Álvaro de Campos das odes, é predominantemente convencional, bem ajustado à tradição, embora isto não o reduza à mesmice tradicional. A grande inovação pessoana reside na peculiaridade de sua concepção do ato poético: gesto lírico impregnado de raciocínio, o poema como palco de um certo teatro ("O poeta é um fingidor"), onde é encenada a interminável busca da auto-identidade. O resultado é a proliferação de paradoxos, ambigüidades e ironias, quase sempre expressas em frases axiomáticas, aparentemente "definitivas", mas encharcadas de ceticismo. A inovação pessoana tem que ver com uma indagação incessante, de raiz acentuadamente filosófica, mas indissociável da emoção intensa, vizinha do espanto e da perplexidade, diante de si mesmo e do mundo. Com isso, Pessoa flagra o que talvez seja a grande questão da modernidade, a subjetividade em crise, e isso me parece longe

de ter sido resolvido ou superado. Aí estão os psicanalistas de todo o mundo, que não nos deixam pensar em outra coisa, vários deles, aliás, interessados na escuta de seus pacientes, na auto-escuta e... na leitura de poetas como Fernando Pessoa. Acho que Pessoa é mais atual hoje do que 70 anos atrás.

FQP *O que os heterônimos de Fernando Pessoa provocaram entre os poetas e os movimentos de poesia do pós-guerra, na segunda metade do século 20, que procuravam novas possibilidades para o fazer poético?*

CFM Poetas modernos, especialmente centrados em "novas possibilidades para o fazer poético", passam ao largo dessa espécie de marca registrada pessoana, que é a ficção heteronímica – e não custa lembrar que tudo em Pessoa é heterônimos, inclusive o chamado "ortônimo". Essa poesia, praticada como ficção/fingimento, coloca dilemas que remetem antes à concepção do que ao fazer ou à fatura do poema. Todo poeta moderno, que tenha tido um contato menos ligeiro com o teatro dos heterônimos, no mínimo hesita quando qualquer estímulo o induza a pensar em escrever "Eu...". Hesita já ao pensar na mera hipótese de uma primeira pessoa do singular. Mas é claro que nada disso foi inventado por Pessoa. Toda grande poesia de todos os tempos (de Dante a Cavafis, de Shakespeare a Rilke, de Camões a Valéry, de Villon a T.S. Eliot e por aí vai) sempre foi heteronímica. Acontece que só nos ocupamos disso depois de Fernando Pessoa. O que há de original no poeta português é a sistematização (aquilo do lirismo impregnado de raciocínio) que ele confere ao fenômeno da multiplicação da personalidade – que é, de resto, um fenômeno natural, como toda criança sabe, e pratica, até que a escola e a boa retórica a transformem em adulto.

FQP *Você diz que a originalidade de Pessoa está em sistematizar o fenômeno da multiplicação da personalidade – a heteronímia. Dá para explicar o porquê dessa insopitável necessidade de multiplicar-se do poeta português?*

CFM A multiplicação geradora de heterônimos é um truque retórico, manobra engenhosa de escritor erudito e premeditado, que planeja o que escreve e exerce sobre a escrita um controle rigoroso; nada a ver, portanto, com inspiração súbita nem com esoterismo e derivados. De outro lado, paradoxalmente, ela parece decorrer, também, de uma necessidade incontrolável. Além disso, os heterônimos não são compartimentos estanques: tudo aí é dinamismo ininterrupto, um processo que, uma vez posto em curso, jamais teria fim. Os heterônimos conhecidos da maioria dos leitores são três ou quatro, mas o total chega a várias dezenas, alguns concebidos como "semi-heterônimos", outros como simples "personalidades literárias", muitos apenas esboçados. O princípio que comanda o processo é o da metamorfose, que ao mesmo tempo registra e alimenta a heterogeneidade de todas as coisas. De certo modo, a realidade aí fora é que é múltipla ou heteronímica (mas só sabemos disso depois de Pessoa): nossos valores, nossas crenças, nossas instituições formam um aglomerado desprovido de qualquer senso de unidade e coesão, são "partes sem um todo", como diz Caeiro. A multiplicação do poeta em heterônimos é a sua maneira (genial) de sintonizar com o mundo em redor e ao mesmo tempo formular, a respeito, o diagnóstico mais lúcido e radical. Por isso a multiplicação é uma necessidade que nunca teria como se satisfazer. O processo só seria dado por concluído se o mundo se estabilizasse, se o Sistema, hoje globalizado, inventasse ou trouxesse de volta as supostas verdades universais, absolutas, que só em sonho teriam vigorado ou poderiam vigorar, um dia. Segundo Pessoa, a primeira hipótese é inviável, a segunda é só fantasia.

FQP *Fernando Pessoa como poeta pode ser considerado um dos melhores do mundo. E como prosador? Podemos considerar a prosa pessoana tão rica e sofisticada quanto a poesia?*

CFM Eu diria que sim. Pessoa empenhou na prosa o mesmo engenho, a mesma inventividade, a mesma extraordinária riqueza de recursos que dedicou à poesia. Existe um Pessoa autor de ensaios críticos (sobre Literatura, Filosofia, Religião, Artes, Sociologia, Psicologia, Política, Maçonaria, Esoterismo e outros assuntos, até sobre Comércio), dotado de uma capacidade analítica, lógico-argumentativa, excepcionalmente estimulante e iluminadora, concordemos ou não com as "teorias" muitas vezes mirabolantes que ele desenvolve. Depois vem a prosa refinada do *Livro do desassossego*, que é um livro inacabado, uma enorme quantidade de fragmentos, um caso complicado. Existem várias edições, discrepantes quanto ao que entra ou não entra e quanto à ordem dos fragmentos. Ninguém sabe ao certo, cada edição oferece uma solução diferente. É complicado mas não é um problema. O próprio autor jamais soube o que entraria ou não no livro, nem que ordenação ele daria às partes que ia escrevendo. É o mesmo princípio da metamorfose, da pergunta anterior. O *Livro do desassossego* é uma espécie de "livro das mutações", não enquanto teoria ou doutrina, mas enquanto experiência efetiva na mente do leitor, que então deverá ler todas as edições e, se possível, inventar mais uma. Mas, voltando à prosa, existem ainda os contos policiais, admiráveis, embora muitos deles também fragmentos. E existem as cartas, os prefácios, as auto-interpretações, literárias ou psicanalíticas, e por aí vai. Em tudo, acho, temos o mesmo timbre inconfundível do prestidigitador de palavras que ninguém tem dúvida em reconhecer na poesia, mas está igualmente presente na prosa.

FQP *Ao enterro do poeta compareceram por volta de 50 pessoas. Hoje a obra literária dele invadiu o teatro, o cinema, a música etc. Certas frases pessoanas já se tornaram clichê literário. A que se deve esse sucesso, essa popularização?*

CFM Uma resposta possível já está aí na pergunta: a popularização se deve a essas frases. "O mito é o nada que é tudo", "É possível fazer a realidade de tudo isso sem fazer nada disso", "Deus é o homem de outro deus maior", "Ter a tua alegre inconsciência e a consciência disso", "Triste de quem é feliz", "Uma aprendizagem de desaprender", "Fingir é conhecer-se" etc. etc. São dezenas de frases extremamente concisas, instigantes, aparentemente simples e claras, fáceis de memorizar. O que elas têm em comum, além dos aspectos acima, é o seu teor paradoxal: são frases que no geral afirmam o que negam, ou afirmam para negar em seguida. Por isso, ainda que banalizadas, e repetidas mecanicamente, elas concentram a substância da visão de mundo de Fernando Pessoa: a relativização de todas as verdades possíveis, mais uma boa dose de ceticismo. Jorge de Sena, um dos mais competentes críticos do poeta, definiu Pessoa (a partir de uma frase do próprio) como um "indisciplinador de almas". Quer dizer, ninguém decora impunemente essas frases; mais cedo ou mais tarde, elas surtirão o seu efeito diluidor, e as "almas" ou as consciências dos leitores serão viradas do avesso e começarão a se livrar das falsas verdades, dos preconceitos e das ilusões, podendo então sintonizar com o mundo em redor. Que outro escritor do século XX nos proporciona uma representação mais convincente da liberdade pela qual todos ansiamos?

FQP *Fernando Pessoa teria destruído a própria personalidade para desdobrá-la em várias. Ao expressar essa explosão interior, ele usava, principalmente, a poesia. Amparado em que ou motivado pelo que está o poeta quando usa a palavra para entender o mundo, para modificá-lo, para acompanhá-lo?*

CFM Não acho que Pessoa tenha "destruído a própria personalidade" para então criar os heterônimos. Se ele um dia tivesse tido posse ou sequer conhecimento da "própria personalidade" não teria passado a vida à procura de outra ou outras. O desdobramento de personalidade, nele, parece vir antes e não depois, é um dado de origem, um ponto de partida e não de chegada. Antes de se converter em expediente literário, a propensão heteronímica já povoava seu espírito poderosamente imaginativo e (não é demais insistir) raciocinante, desde a infância. (Seu primeiro heterônimo foi um certo Chevalier de Pas, que ele inventou aí pelos 4-5 anos, e cuja companhia ele preferia à dos brinquedos convencionais.) Acho que a sua "própria personalidade" – una, singular, intransferível – nunca chegou a existir, embora ele cultivasse o tempo todo o mito ambíguo de que seria algo irremediavelmente perdido, ao nascer (Platão gostaria dessa idéia), ou algo ardentemente buscado, vida afora, com a certeza de que jamais será encontrado (Wittgenstein aprovaria esta outra). Quanto a servir-se da palavra para entender/modificar/acompanhar o mundo, acho que Pessoa endossaria este verso de um obscuro poeta inglês do século XVIII, lembrado por T.S. Eliot: *"Lips only sing when they cannot kiss"*.

FQP *Biógrafos indicam que Fernando Pessoa, ao perder o pai, terminou se afastando da mãe. A partir daí, e ele tinha 5 anos,* *sofreu de carência crônica, o que lhe afetou a produção poética. O que poderia ser dito sobre essas leituras freudianas de Pessoa?*

CFM Esses biógrafos parecem demasiado encantados com certo freudismo de almanaque e pouco atentos ao fato de que tal "diagnóstico" (mero palpite) aplica-se a milhares de indivíduos que, em condições semelhantes, nunca escreveram um verso. O equívoco está na mecânica determinista subentendida nesse tipo de especulação: causa-efeito, antecedente-conseqüente, ou seja, essa vulgata pseudocientífica, segundo a qual a poesia, a pessoana ou qualquer outra, poderia ser "explicada" com base na infância difícil, a orfandade, a carência afetiva etc. etc. Por outro lado, e já agora sem recorrer à psicanálise de botequim, todos sabemos, desde Baudelaire, que *"poésie c'est l'enfance retrouvée"*, naquele sentido da diluição das fronteiras entre o Eu e o não-Eu, o dentro e o fora, o meu e o do outro e assim por diante. A poesia de Pessoa está nesse caso, embora isto não seja exclusivo dela.

FQP *Fernando Pessoa teve um amor na vida, Ophelia Queiroz. Essa relação não passou dos beijos e das cartas. Dizem até que o poeta morreu virgem. E na obra? Como você vê, na poesia pessoana, a questão do amor e da sexualidade?*

CFM Beijos? Selos, nós diríamos; um ou outro selinho, de olhos bem fechados. Agora cartas, sim, em quantidade; afinal era onde ele se sentia à vontade, não é mesmo? E também não sei se chegou a ser "amor". As cartas famosas, cuja divulgação dona Ophelia autorizou, no final dos anos 70 (ela ainda era viva), sugerem só "namoro" literário. Segundo a própria Ophelia, Pessoa declarou-se a ela recitando o *Hamlet*: "Oh querida Ophelia! Meço mal os meus versos; careço de arte para medir os meus suspiros" etc., e numa das cartas ele chega a dizer (cito de memória): "Não fiques zangada, não. Quem esteve no nosso encontro, ontem, não fui eu mas o Álvaro de Campos". A imagem que podemos ter do homem Pessoa, enfim, é a de um sujeito introvertido, cheio de pudor, trancado em si, avesso a qualquer espécie de contato menos formal com o semelhante. É Álvaro de Campos, o rebelde da família, quem pergunta em nome de todos: "Queriam-me casado, fútil, quotidiano e tributável?...

Assim como sou, tenham paciência! Vão para o diabo sem mim, ou deixem-me ir sozinho para o diabo! Para que havemos de ir juntos?". Questão de temperamento, quem sabe; mas é também a educação puritana que o menino Fernando Antônio recebeu em Durban, somada ao puritanismo da Lisboa onde nasceu e onde viveu a maior parte da vida. E é também questão de não assumir nenhum compromisso que o desviasse da criação literária, na qual (os primeiros críticos já o notaram, Gaspar Simões à frente) o amor e a sexualidade estão praticamente ausentes, pelo menos em português, onde só temos alguns exemplos de espiritualidade e idealização amorosa, como nas odes que Ricardo Reis dedica à Lídia ou à Cloe, figuras tão imaginárias quanto a musa etérea de alguns poemas do ortônimo. Por isso chama a atenção a voluptuosidade, o erotismo exacerbado, aliás perfeitamente convincente, de dois dos poemas em língua inglesa, o *Antinous* e o *Epithalamium*. Jorge de Sena, por exemplo, referendando a explicação dada pelo próprio Pessoa, acha que o poeta assim fez para descarregar aí o apetite sexual jamais realizado e para que a revelação desse seu lado "obsceno" (esta outra explicação já é da exclusiva responsabilidade de Sena) não lhe causasse nenhum transtorno, já que em Portugal, naquela época, ninguém sabia Inglês.

FQP *Qual dos três heterônimos, na sua opinião, é o mais inovador, o mais ousado? Por quê?*

CFM Ousadia ostensiva, essa que na época chocava, agredia, incomodava, e por isso mesmo era inovadora, só temos em Álvaro de Campos: versos escandalosamente livres e "desarrumados", palavrões, gritos, atentados ao pudor, rebeldia e insubmissão, libelo geral, em suma, contra Deus, a Pátria e a Família. Mesmo assim, isto só aparece em alguns poemas, como a "Ode triunfal", a "Ode marítima" ou a "Passagem das horas", e no "Ultimatum", manifesto em prosa, onde ele xinga toda a humanidade e recomenda que o homem verdadeiramente moderno troque de filosofia como quem troca de camisa. Fora daí, não existe ousadia, *essa espécie de ousadia*, na poesia pessoana. Mas eu não tomaria "ousado" e "inovador" como sinônimos. O restante da obra, aparentemente bem comportada (vocabulário corrente e elegante, boa sintaxe, boa lógica, versos muitas vezes rimados e bem medidos, nada de gritos histéricos, nada de rebeldia ostensiva), eu diria que é ainda mais inovadora, isto é, mais subversiva e mais demolidora do que as espalhafatosas ousadias do heterônimo engenheiro naval. Você conhece, em poesia, algo mais inovador e revolucionário do que "Há metafísica bastante em não pensar em nada", ou "Sem a loucura, que é o homem mais que a besta sadia, cadáver adiado que procria?".

FQP *Qual o papel do poeta no limiar do século XXI? Como ele se insere nestes tempos, e no que essa inserção difere da de outros tempos?*

CFM O poeta não tem hoje, como não teve nunca, um papel único a desempenhar: tem e sempre teve vários. Depende do poeta, depende da espécie de poesia, depende das circunstâncias e das expectativas ou não-expectativas do público leitor. Hoje, como antes, é possível escolher desde o papel do poeta que entretém o seu público (pequeno, médio ou grande, tanto faz) com artefatos pitorescos, mais ou menos herméticos e higienicamente descartáveis, até, no outro extremo, o papel de "antena da raça", como diz Ezra Pound, o do poeta empenhado em manter viva a consciência, a lucidez, a rebeldia, a insubmissão – de preferência subliminares, as que vão mais fundo. A poesia mais genuína, hoje, será justamente aquela que não se amolda, que não se adapta, que se recusa portanto a inserir-se neste nosso tempo "gasoso", como diz Yves Michaud. A diferença? Em outros tempos, alguma inserção era sempre possível, e desejável, sem que isso implicasse abdicação da consciência e do resto.

FQP *Qual o futuro de Fernando Pessoa?*

CFM Poucas horas antes de morrer, 70 anos atrás, ele anotou: "I know not what tomorrow will bring". Apesar disso, não custa nada imaginar que sua poesia continuará a nos comover e a nos inquietar, até que outro poeta nos ofereça, deste nosso tempo (ainda substancialmente o mesmo de Pessoa), uma visão mais consciente, mais lúcida, mais rebelde e mais insubmissa.

Bibliografia

de *Carlos Felipe Moisés,* sobre Fernando Pessoa, ordem cronológica.

"O mundo de Alberto Caeiro". Revista *Humboldt*, Hamburgo, Alemanha, Ano 8, nº 17, 1968, pp. 35-37.
"Alberto Caeiro – Fernando Pessoa". C.F. Moisés, *A multiplicação do real*, São Paulo, Conselho Estadual de Cultura, 1970, pp. 25-38.
"Uma constelação para Fernando Pessoa". *O Estado de São Paulo*, Suplemento Cultural, 06/02/1977, pp. 3-4.
"Poesia e poética – Fernando Pessoa". C.F. Moisés, *Poesia e realidade*, São Paulo, Cultrix, 1977, pp. 39-48.
"Alberto Caeiro". C.F. Moisés, *Poesia e realidade*, São Paulo, Cultrix, 1977, pp. 125-137.
"Tabacaria: reflexão em torno do título de um poema". *Boletim Informativo*, Centro de Estudos Portugueses, USP, nº 4, 1978, pp. 12-22.
"Poesia e metapoesia: análise de um fragmento de Tabacaria". *Actas do I Congresso Internacional de Estudos Pessoanos*, Porto/Brasília Ed., 1979, pp. 163-186.
"Fernando Pessoa: sonho e realidade". Revista *Persona*, Centro de Estudos Pessoanos, Porto, nº 3, julho 1979, pp. 61-68.
O poema e as máscaras. Coimbra, Almedina, 1981. 2ª edição Florianópolis, Letras Contemporâneas, 1999.
"A fortuna crítica de Fernando Pessoa". *Boletim Informativo*, Centro de Estudos Portugueses, USP, 3ª série, ano XI, nº 2, 1985, pp. 23-26.
"Fernando Pessoa: o buraco negro". Revista *Leia*, São Paulo, nº 85, nov. 1985, pp. 14-16.
"Quem tem medo de Fernando Pessoa?". *Folha de São Paulo*, Folhetim, 24/11/1985, pp. 2-5. Reproduzido em *Semanário*, Lisboa, 07/12/1985, pp. 1-3.
"Fernando Pessoa". Revista *Visão*, São Paulo, 27/11/1985, pp. 92-97.
"Introdução". Fernando Pessoa, *Mensagem*, São Paulo, Difusão Européia do Livro, 1986, pp. III-XXXI.
"1935: Leadbelly, El Morocho & Íbis". Revista *Colóquio/Letras*, Lisboa, nº 107, jan.-fev. 1989, pp. 36-39.
"O marinheiro: Pessoa *in nuce*". *Actas do III Congresso Internacional de*

Estudos Pessoanos, Lisboa, Fundação Calouste Gulbenkian, 1989, pp. 217-221.

"O sentido fragmentário dos contos de Fernando Pessoa". *Um século de Pessoa: Encontro Internacional do Centenário de Fernando Pessoa*, Lisboa, Secretaria de Estado da Cultura, 1990, pp. 82-84.

"Caeiro, mestre". *Indiana Journal of Hispanic Literatures*, Indiana University, special issue on Fernando Pessoa, n° 9, Fall 1996, pp. 53-75.

Roteiro de leitura: Mensagem, de Fernando Pessoa. São Paulo, Ática, 1996.

"Pobre velha música". C.F. Moisés, *Poesia não é difícil*, Porto Alegre, Artes&Ofícios, 1996, pp. 96-100.

Roteiro de leitura: Poemas de Álvaro de Campos. São Paulo, Ática, 1998.

"Mar sem fim". Palestra na Biblioteca Mário de Andrade, SP, nas comemorações dos 500 Anos do Descobrimento, 2000.

"O poeta ou o mito?". C.F. Moisés *O desconcerto do mundo*, São Paulo, Escrituras, 2001, pp. 259-278.

"Lábios que não beijam". Entrevista parcialmente publicada em *CULT Especial / Fernando Pessoa*, São Paulo, Editora Bregantini, 2005, pp. 8-9.

Sobre o autor

Carlos Felipe Moisés é poeta, com participação em várias antologias no Brasil e no exterior, e autor de livros como *A poliflauta* (1960), *Carta de marear* (Prêmio Governador do Estado de São Paulo, 1966), *Círculo imperfeito* (Prêmio Gregório de Mattos e Guerra, Salvador, 1978), *Subsolo* (Prêmio APCA, 1989) e *Lição de casa* (1998).

Formado em Letras clássicas e vernáculas pela Universidade de São Paulo, onde realizou o mestrado (1968) e o doutorado (1972), ensinou teoria literária e literaturas de língua portuguesa na Faculdade de Filosofia de São José do Rio Preto, na PUC de São Paulo, na USP e na Universidade Federal da Paraíba. Entre 1978 e 1982, lecionou na Universidade da Califórnia, em Berkeley.

Desde os anos 70 dedica-se regularmente à crítica literária, colaborando em órgãos especializados e na grande imprensa. É autor de vários estudos sobre autores modernos e contemporâneos como Cesário Verde, Fernando Pessoa, João Cabral, Mário Cesariny, Vinícius de Moraes, Campos de Carvalho e outros. Entre seus livros nessa área destacam-se *Poesia e realidade* (1977), *O poema e as máscaras* (1981, 2ª ed. 1999), *Literatura, para quê?* (1996), *Poesia não é difícil* (1996), *Mensagem de Fernando Pessoa: roteiro de leitura* (1996) e *O desconcerto do mundo* (2001).

Traduziu *Retórica da poesia*, de Jacques Dubois (1980), *Tudo o que é sólido desmancha no ar*, de Marshall Berman (1986), *Que é a literatura?*, de Jean-Paul Sartre (1989), *O poder do mito*, de Joseph Campbell (1990) e *Alta traição*, poemas de vários autores franceses, norte-americanos e outros (2005). É autor também de livros de literatura infanto-juvenil como *O livro da fortuna* (1992), *A deusa da minha rua* (1996) e *Poeta aprendiz* (1997).

COLEÇÃO Ensaios Transversais

1 Cidadania e Educação
Nílson José Machado

2 Cérebros e Computadores
A complementaridade analógico-digital na Informática e na Educação
Robinson Moreira Tenório

3 Matemática e Música
O pensamento analógico na construção de significados
Oscar João Abdounur

4 Jung e a Educação
Uma análise da relação professor/aluno
Cláudio Saiani

5 Educação: Projetos e Valores
Nílson José Machado

6 Caderno de Fogo
Ensaios sobre Poesia e Ficção
Carlos Nejar

7 Feminino + Masculino
Uma nova coreografia para a eterna dança das polaridades
Monika von Koss

8 Borges
O mesmo e o outro
Álvaro Alves de Faria

9 Família e Doença Mental
Repensando a relação entre profissionais de saúde e familiares
Jonas Melman

10 Meios Eletrônicos e Educação
Uma visão alternativa
Valdemar W. Setzer

11 Martí e a Psicologia
O poeta e a unidade cognição/afeto
Diego Jorge González Serra

12 Servidão Ambígua
Valores e condição do magistério
Gilson R. de M. Pereira

13 O Começo da Busca
O Surrealismo na poesia da América Latina
Floriano Martins

14 A Sociedade dos Chavões
Presença e função do lugar-comum na comunicação
Claudio Tognolli

15 O Desconcerto do Mundo
Do Renascimento ao Surrealismo
Carlos Felipe Moisés

16 Ética e Jornalismo
Uma cartografia dos valores
Mayra Rodrigues Gomes

17 Da Religiosidade
A literatura e o senso de realidade

Vilém Flusser

18 Jornalismo e Literatura
A sedução da palavra

Gustavo de Castro e Alex Galeno (organizadores)

19 Patativa do Assaré
A trajetória de um canto

Luiz Tadeu Feitosa

20 Angústia da Concisão
Ensaios de filosofia e crítica literária

Abrahão Costa Andrade

21 A Falácia Genética
A ideologia do DNA na imprensa

Claudio Tognolli

22 A Fé como fenômeno psicológico

Josias Pereira

23 Linguagem, Conhecimento, Ação

Nílson J. Machado e Marisa O. Cunha (organizadores)

24 Psicologia Social
Desdobramentos e aplicações

Maria de Fátima de Sena e Silva e Cássio Adriano Braz de Aquino (organizadores)

25 As Revoluções Culturais

Péricles Prade

26 Jornalismo e Filosofia da Comunicação

Mayra Rodrigues Gomes

27 Rubra Força
Fluxos do poder feminino

Monika von Koss

28 O Valor do Conhecimento Tácito
A epistemologia de Michael Polanyi na escola

Cláudio Saiani

29 A Escola como Sistema Complexo
A ação, o poder e o sagrado

Ricardo Tescarolo

30 Sortilégios do avesso
Razão e loucura na literatura brasileira

Luzia de Maria

31 Epistemologia e Didática da Matemática

Bruno D'Amore

32 Cotidiano e Invenção
Os espaços de Michel de Certeau

Fabio B. Josgrilberg

Impresso em São Paulo, SP, em agosto de 2005,
em offset 70g/m², nas oficinas da Prol Gráfica.
Composto em AGaramond, corpo 10,5pt.

Não encontrando este livro nas livrarias,
solicite-o diretamente à editora.

Escrituras Editora e Distribuidora de Livros Ltda.
Rua Maestro Callia, 123
04012-100 – Vila Mariana – São Paulo, SP
Tel.: (11) 5082-4190
escrituras@escrituras.com.br (Administrativo)
vendas@escrituras.com.br (Vendas)
imprensa@escrituras.com.br (Imprensa)
http://www.escrituras.com.br